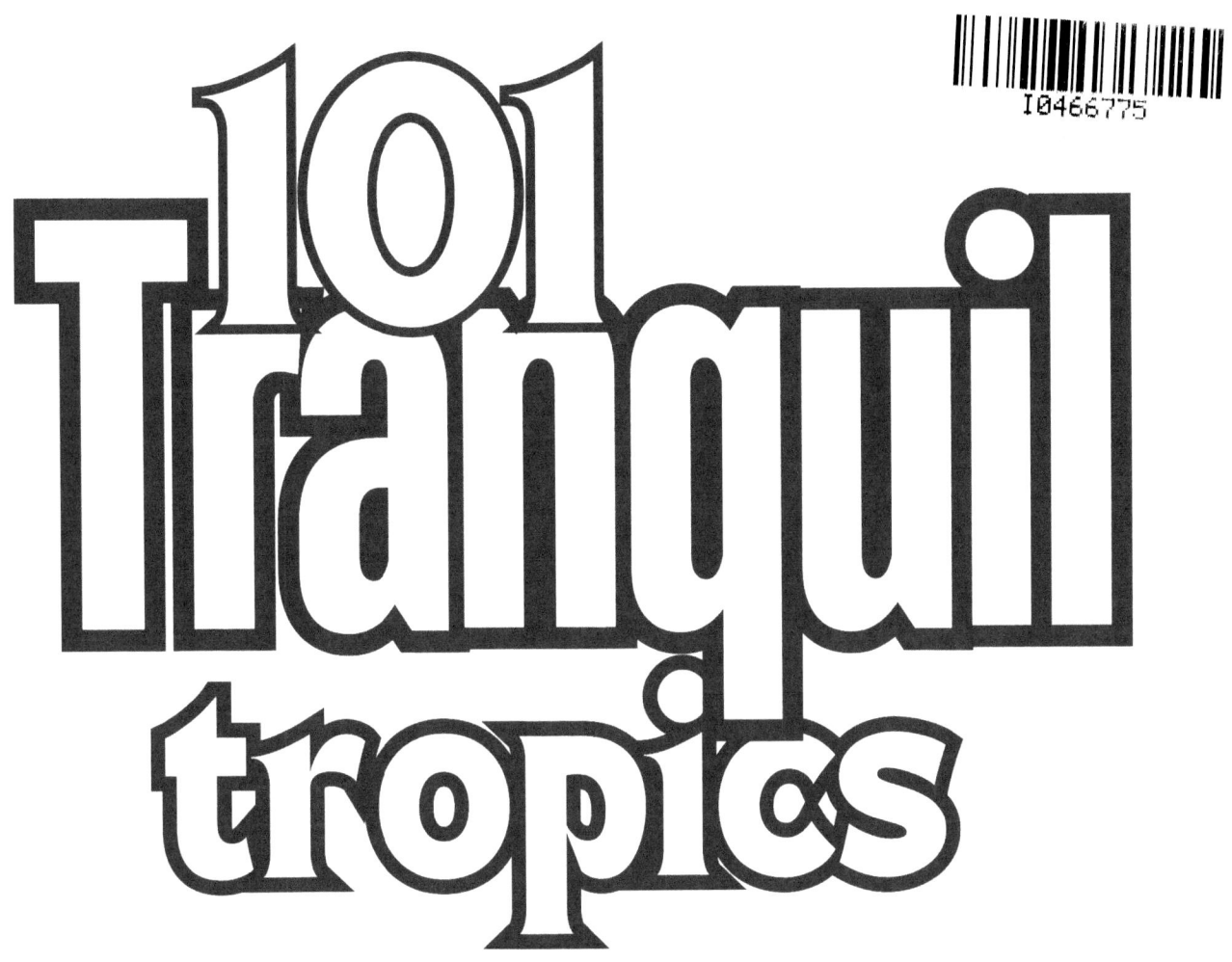

101 Tranquil tropics

Colora e Rilassati

101 squisite illustrazioni di tranquilli paesaggi tropicali, spiagge orlate di palme, serene vedute dell'oceano, uccelli e pesci tropicali, città e molto altro da colorare.

I0466775

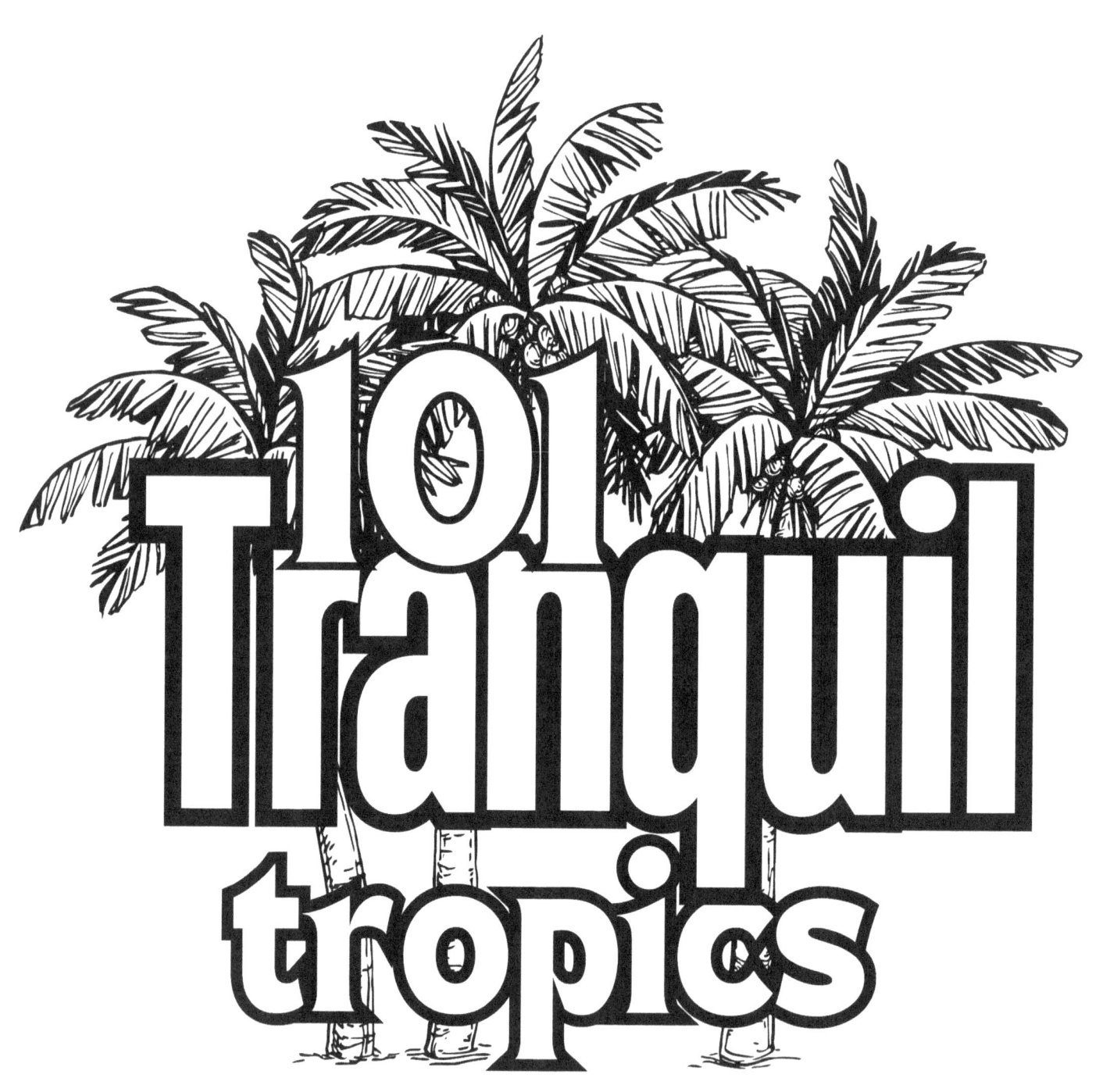

Grazie per l'acquisto!

Abbiamo preparato queste pagine da colorare di idilliache spiagge tropicali per il vostro relax e divertimento.

Ci auguriamo che vi divertiate a colorarle e che vi sentiate ispirati.

Se questo libro vi piace, lasciateci una recensione su Amazon. Il vostro feedback è importante per noi. Ci permette di raggiungere un maggior numero di persone e ci incoraggia a continuare a offrirvi libri d'arte eccellenti.

Grazie per il vostro tempo.

Alice Bennett e il team di InkZ Co.

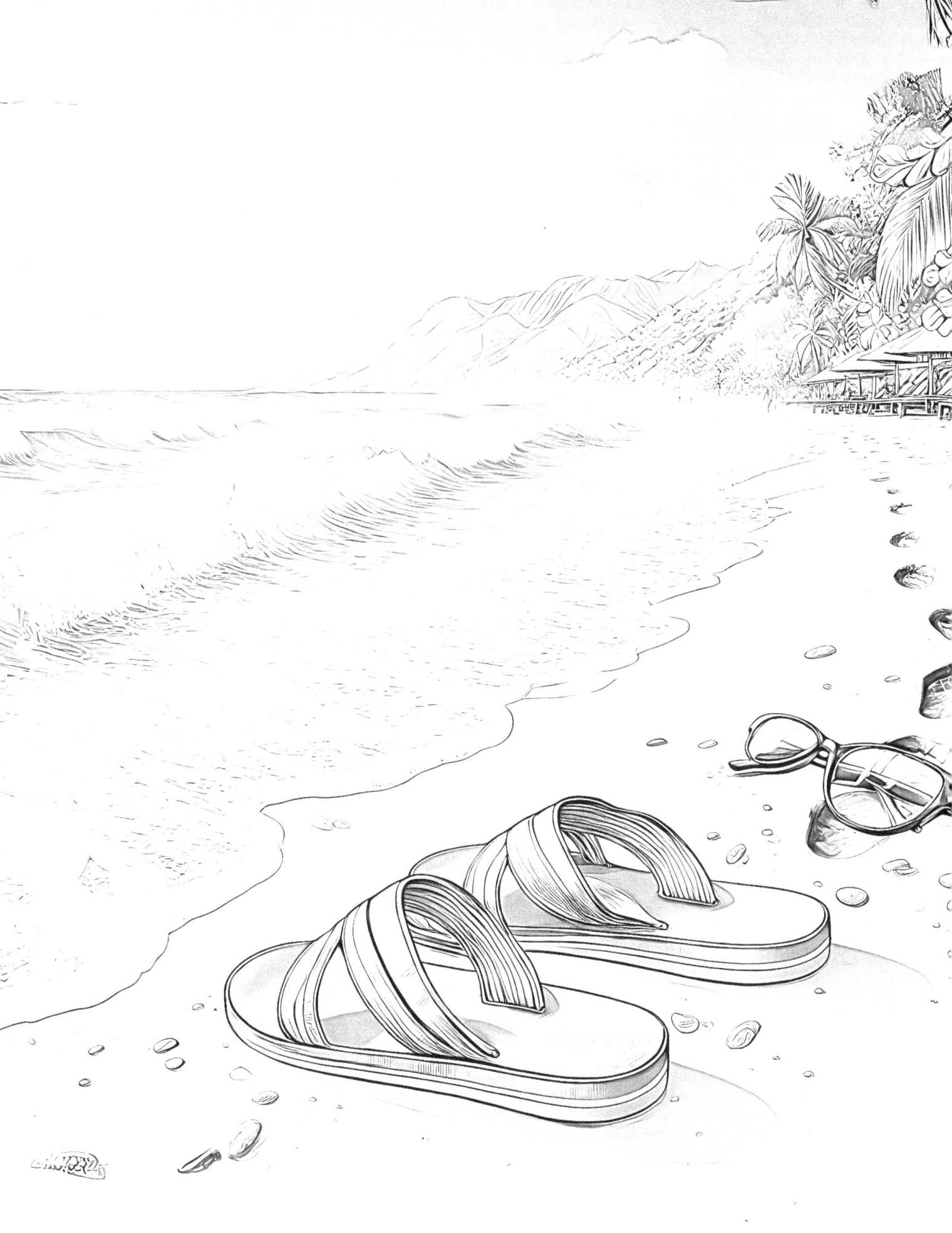

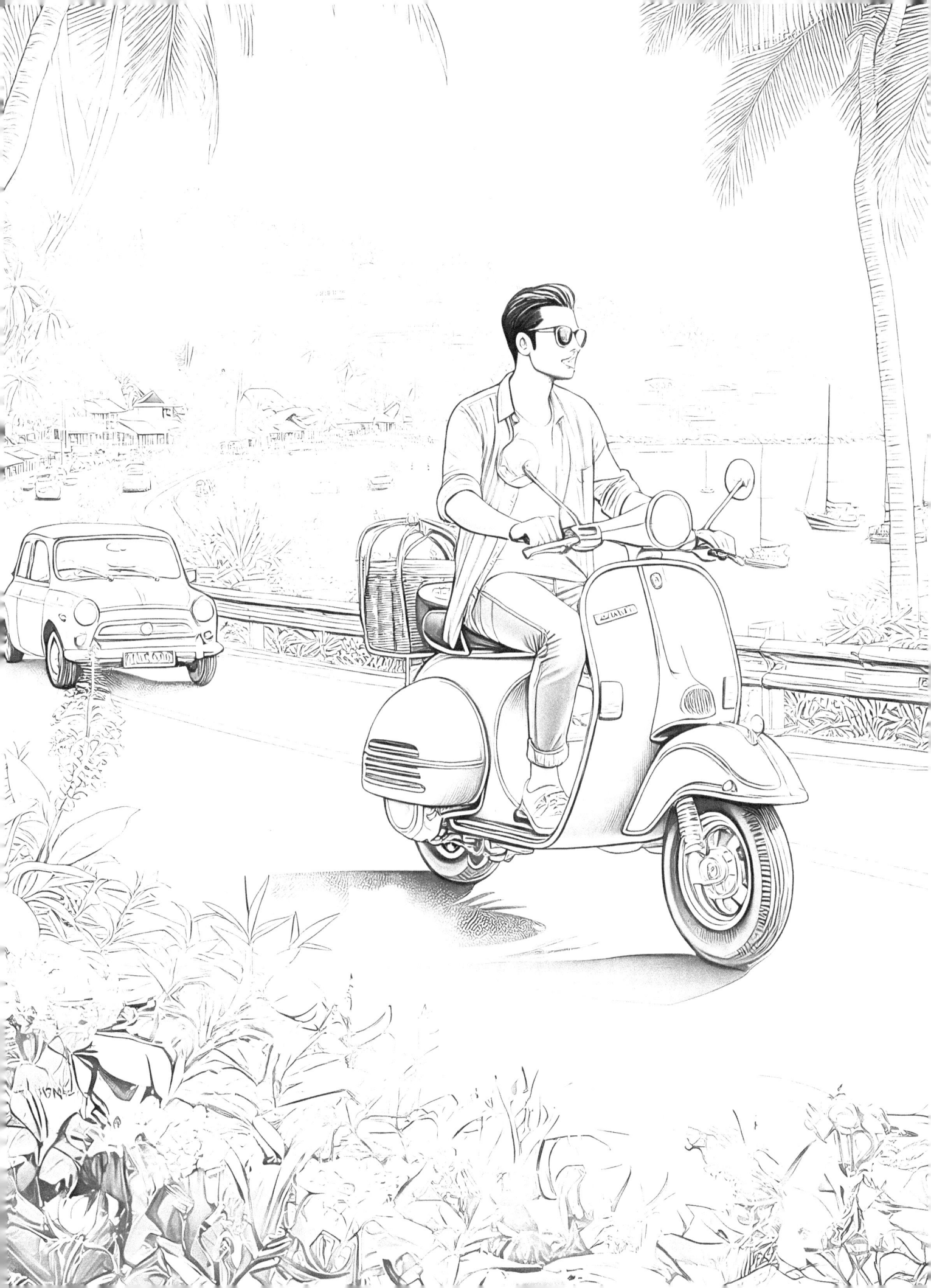

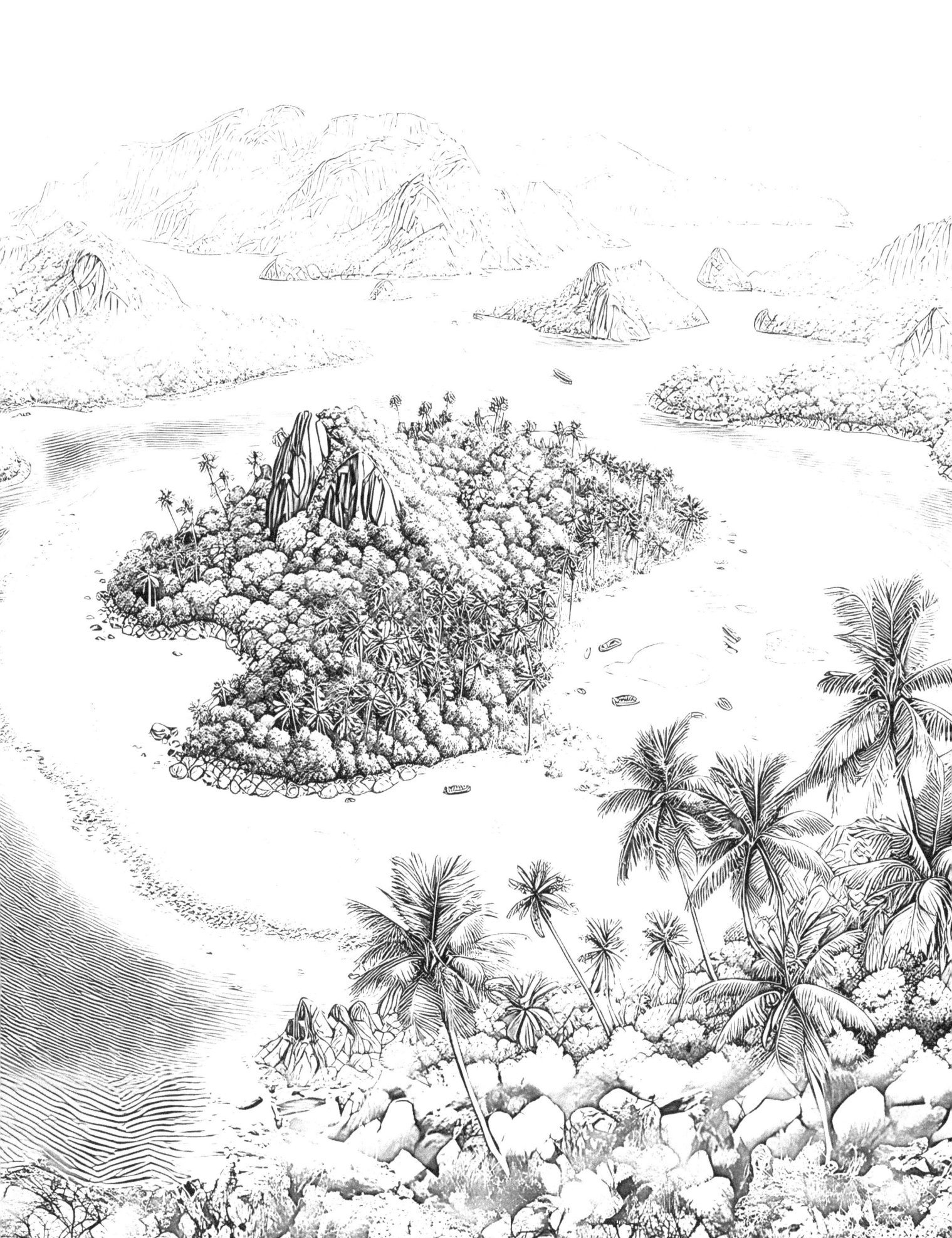

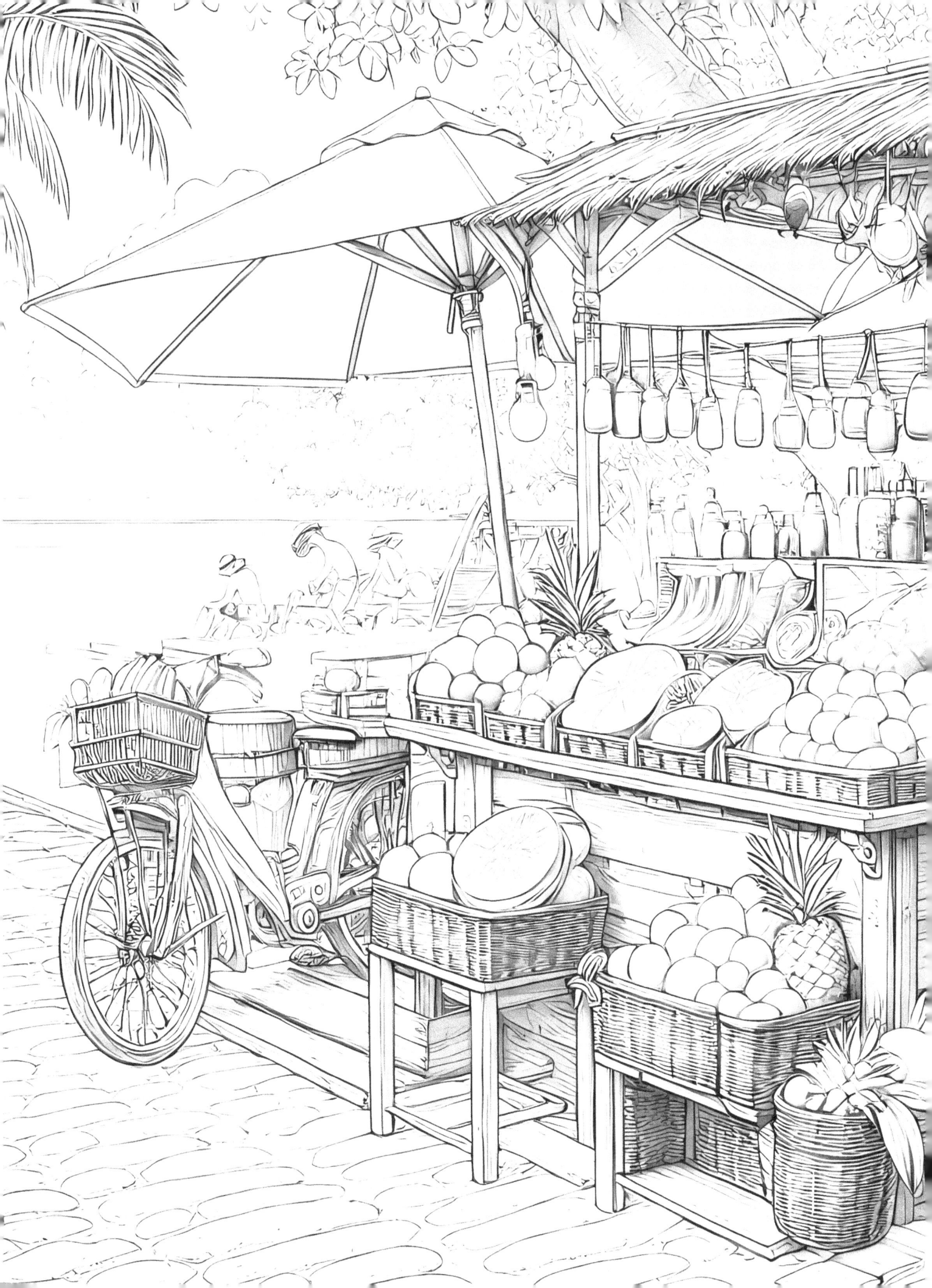

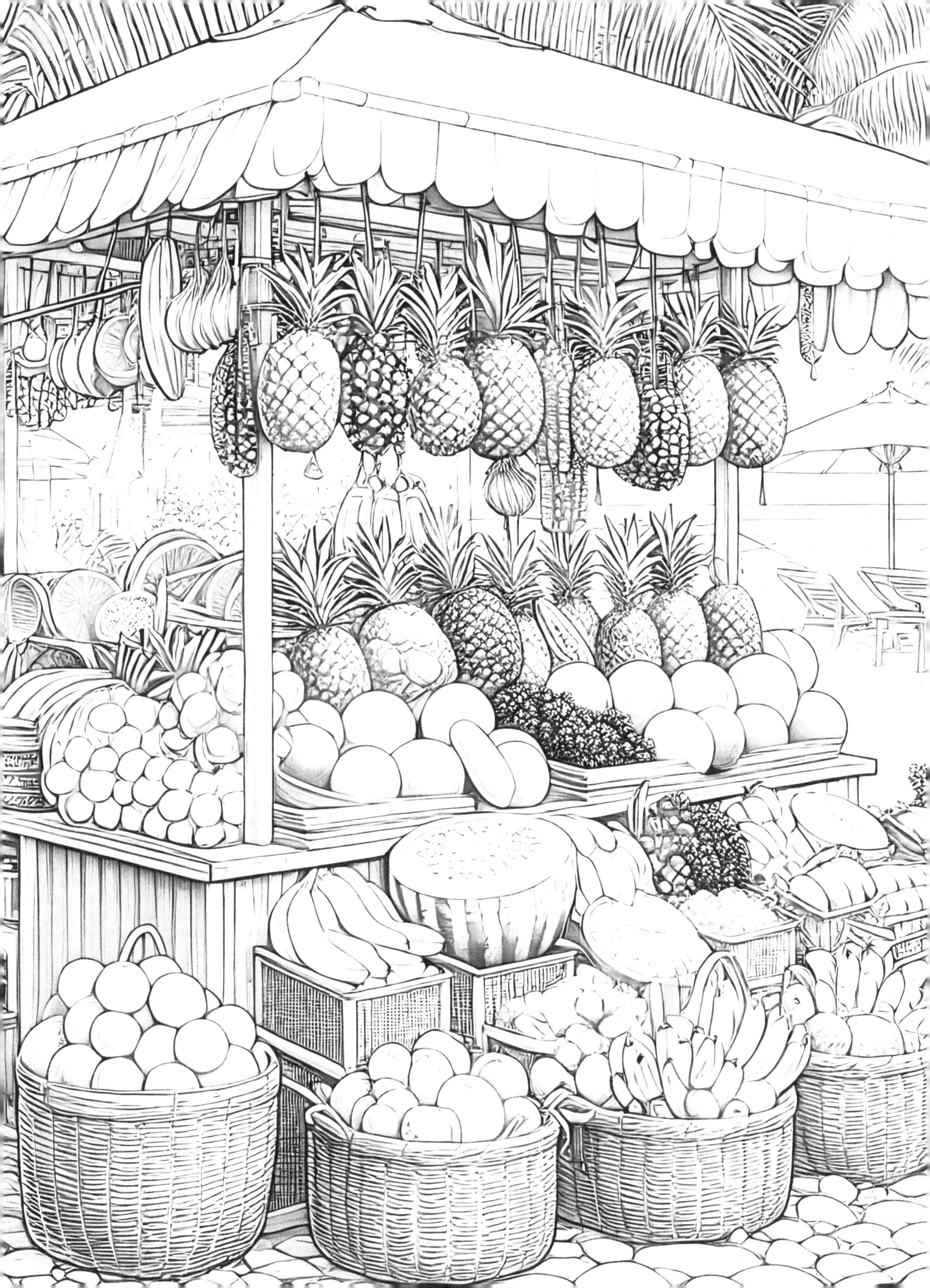

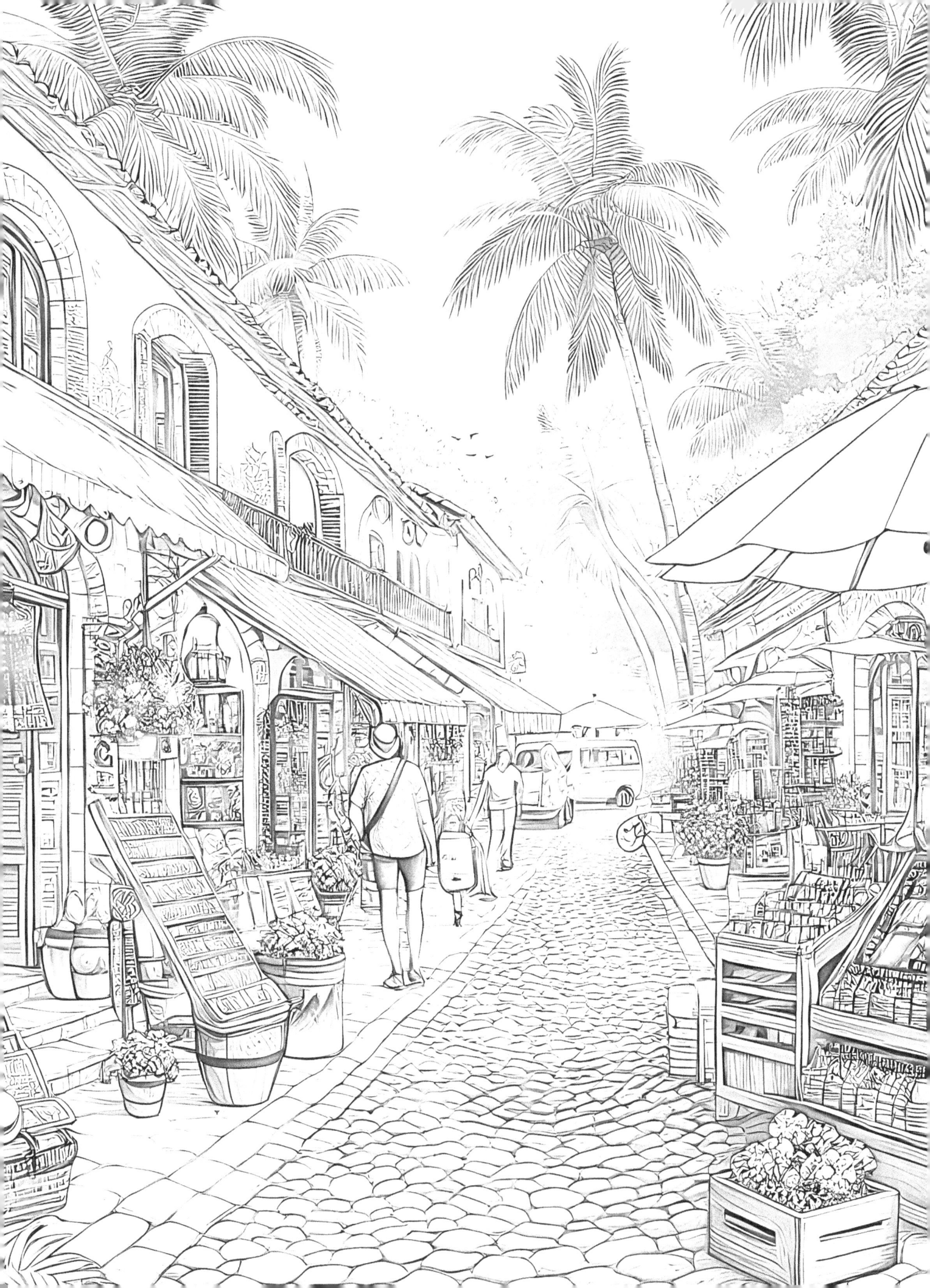

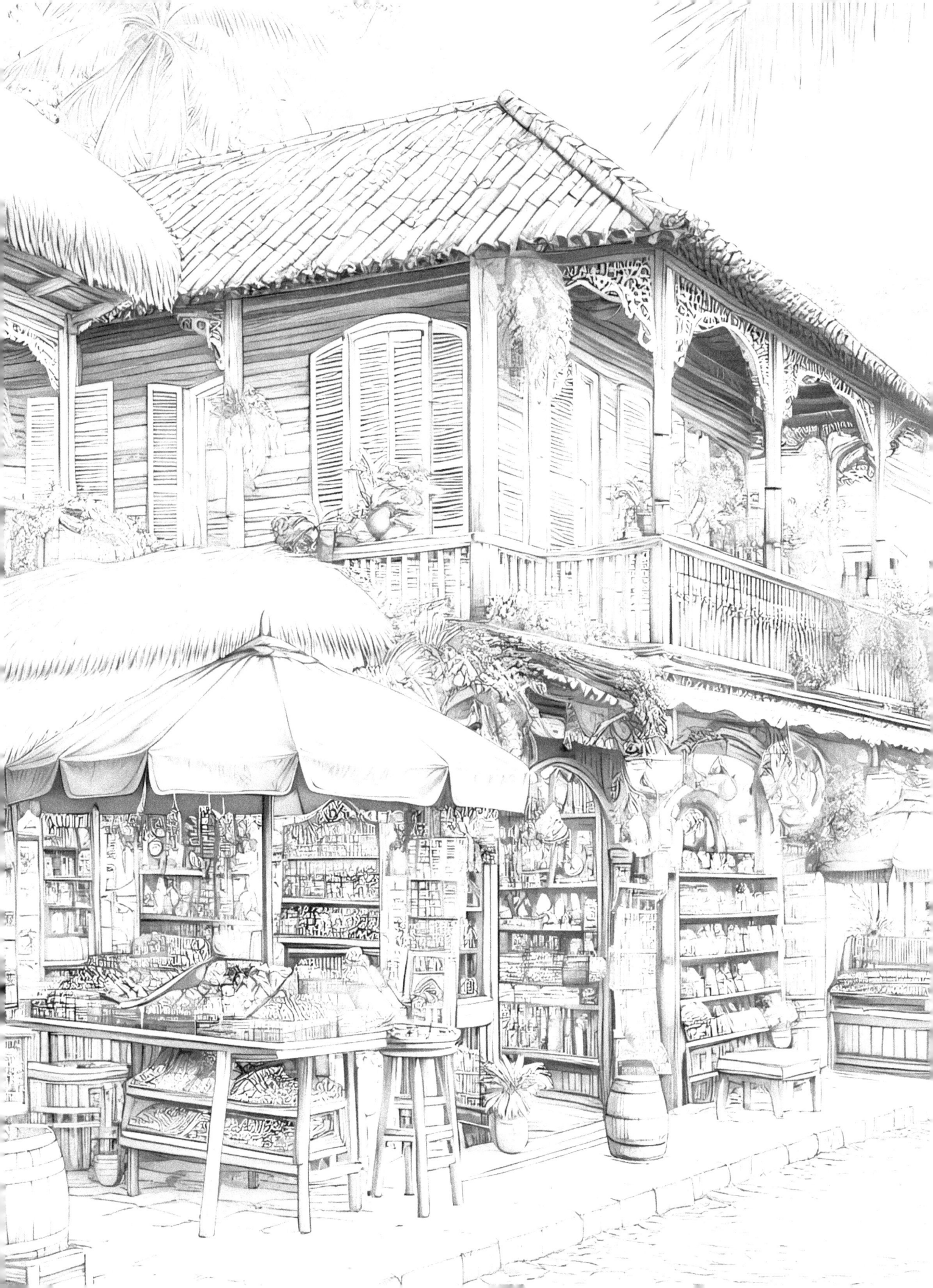

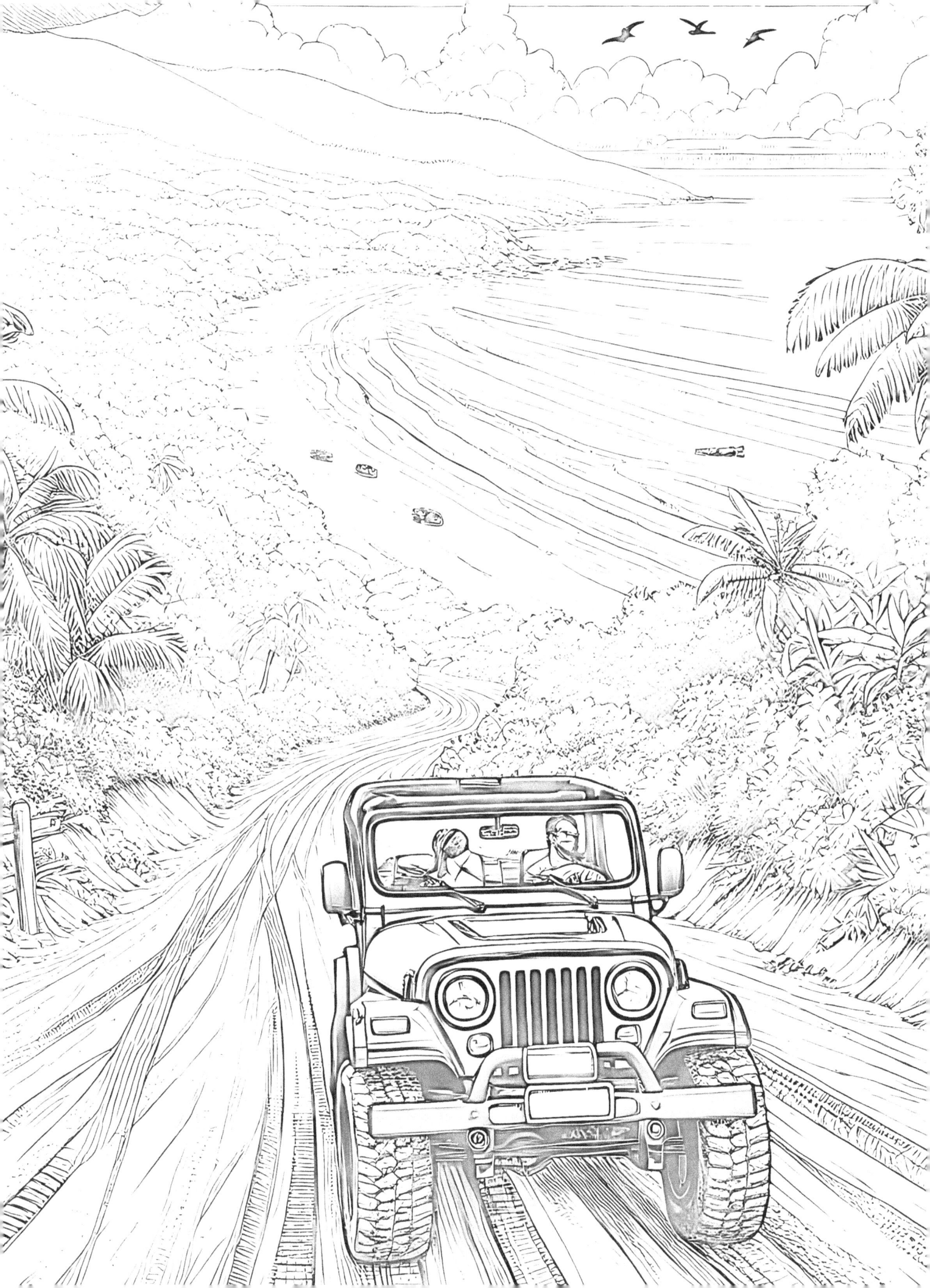

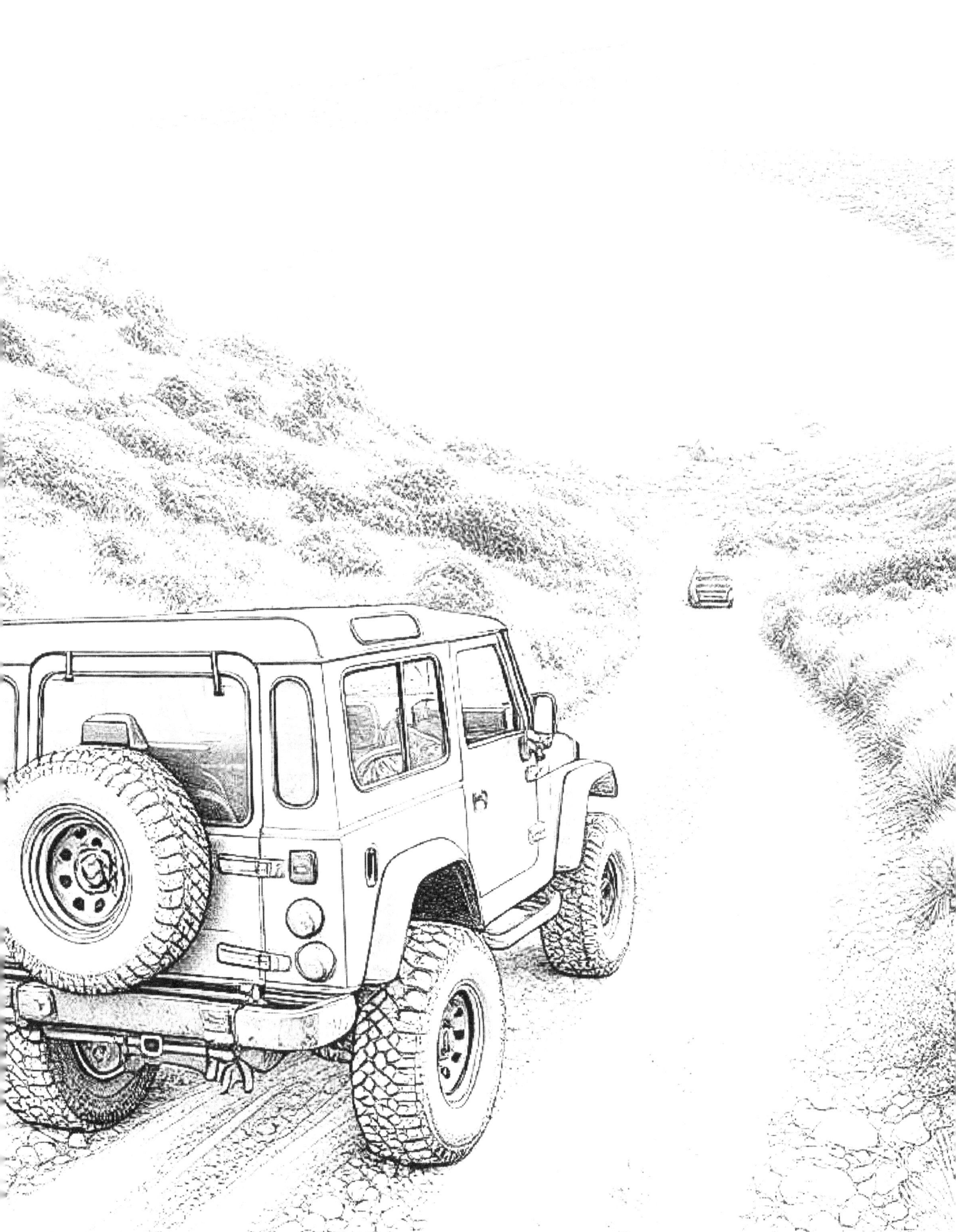

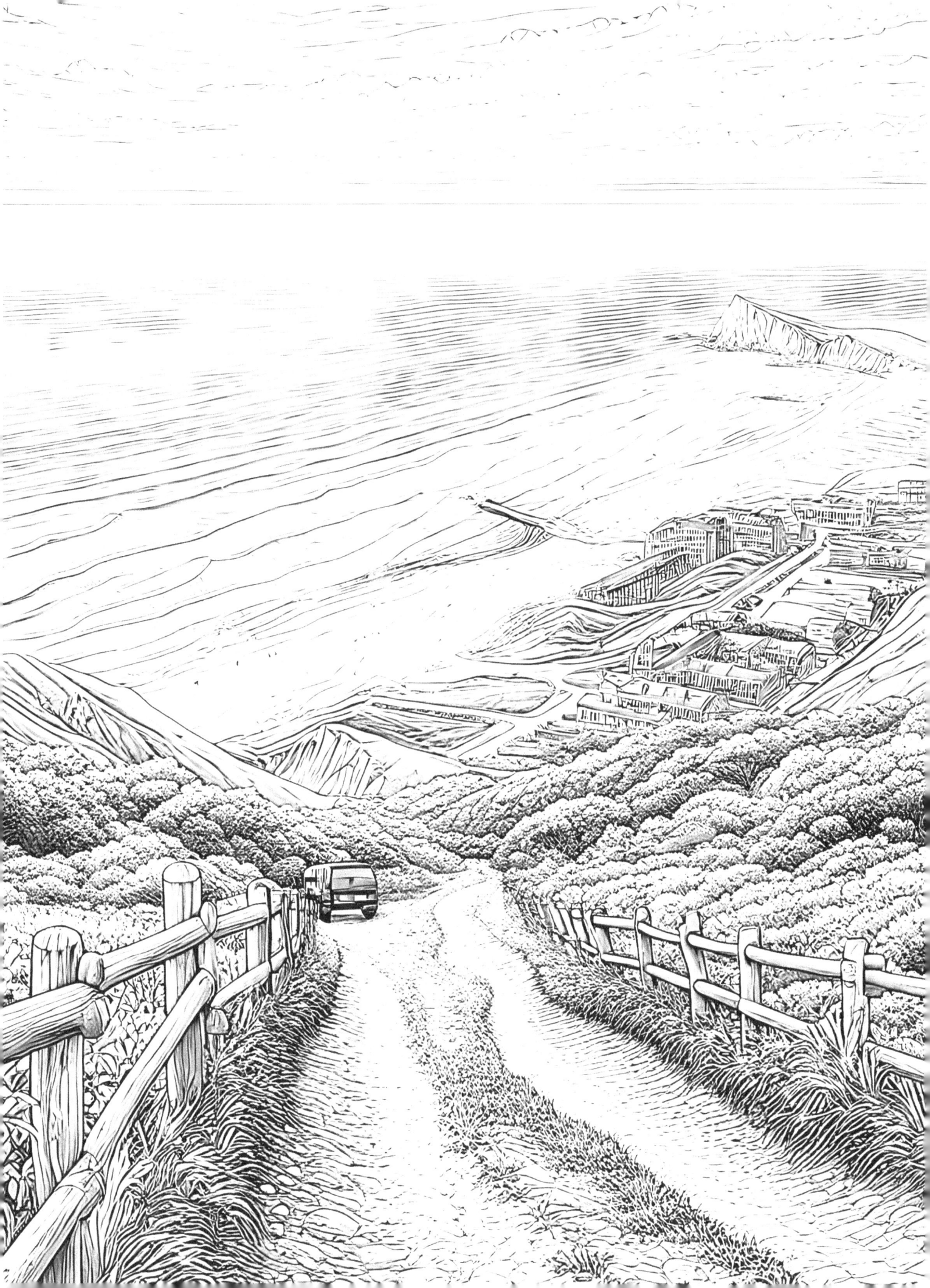

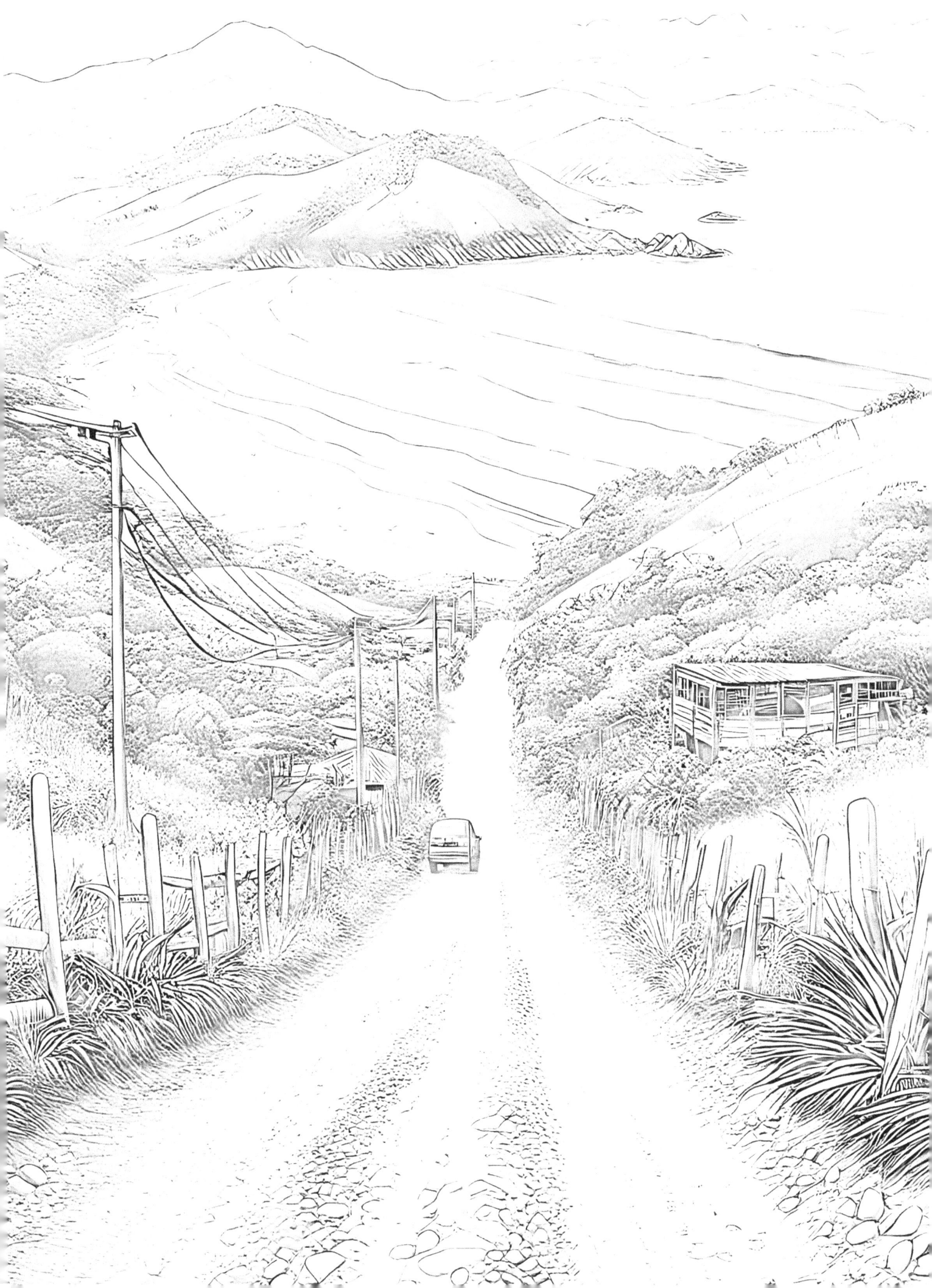

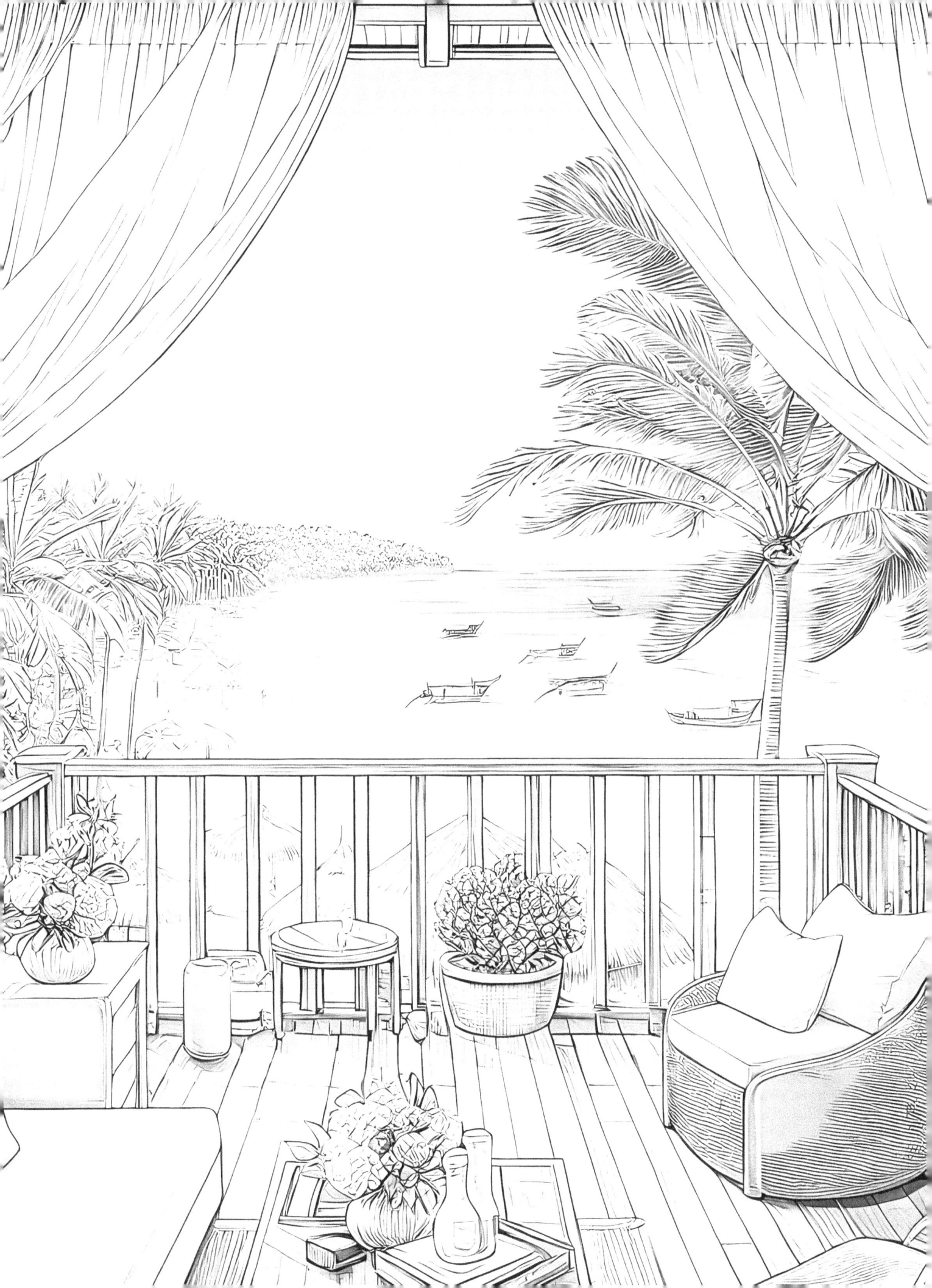

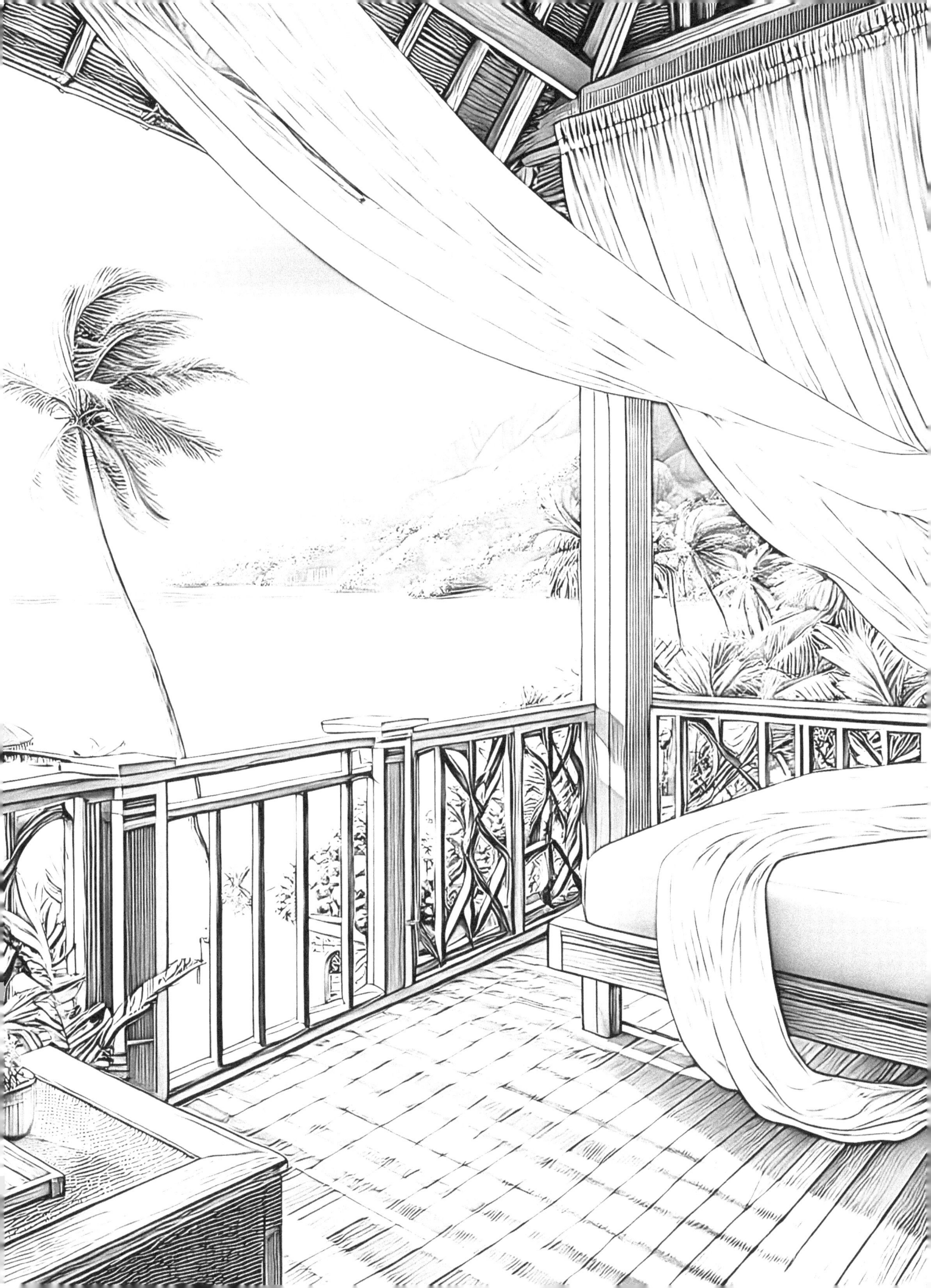

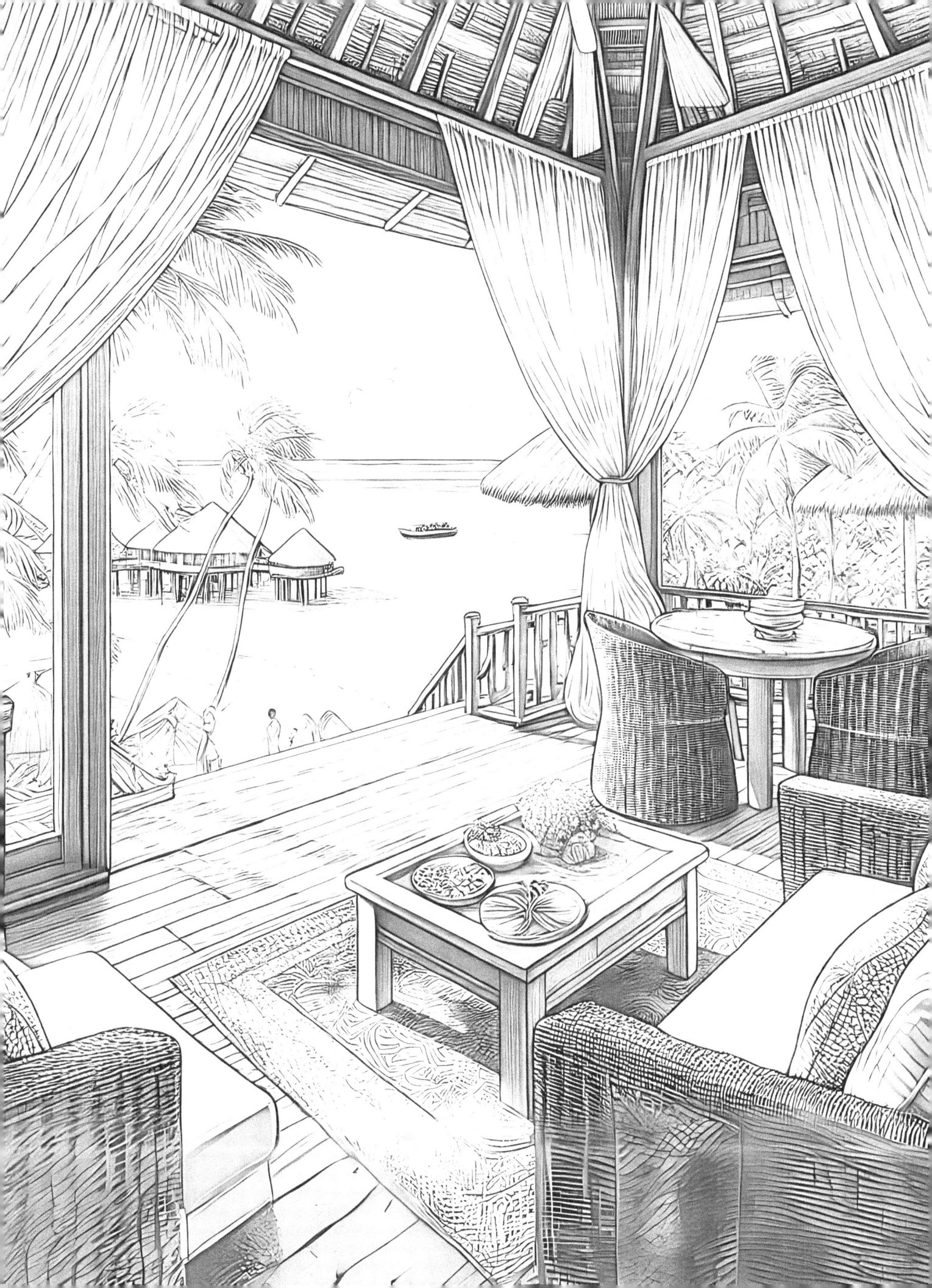

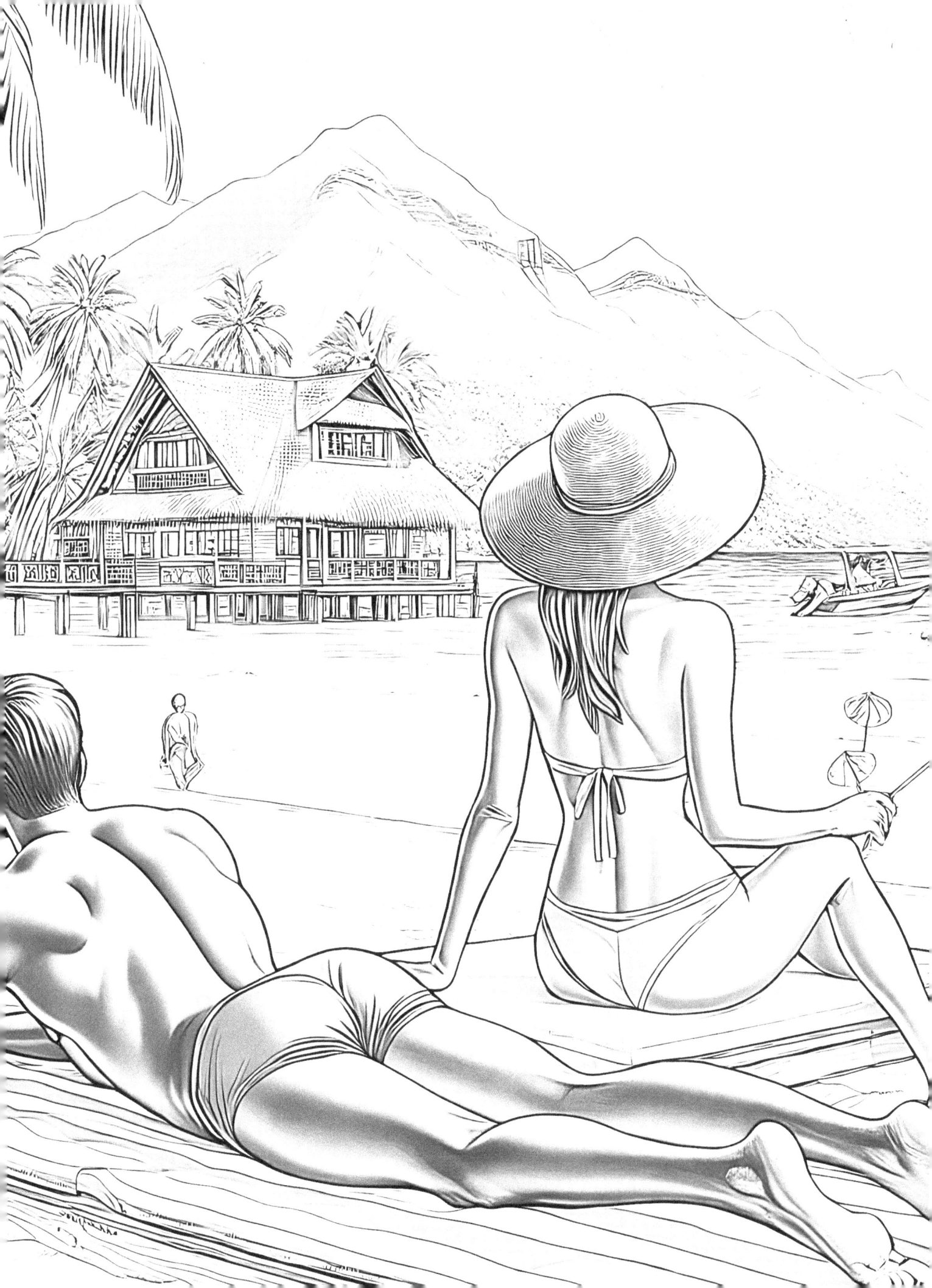

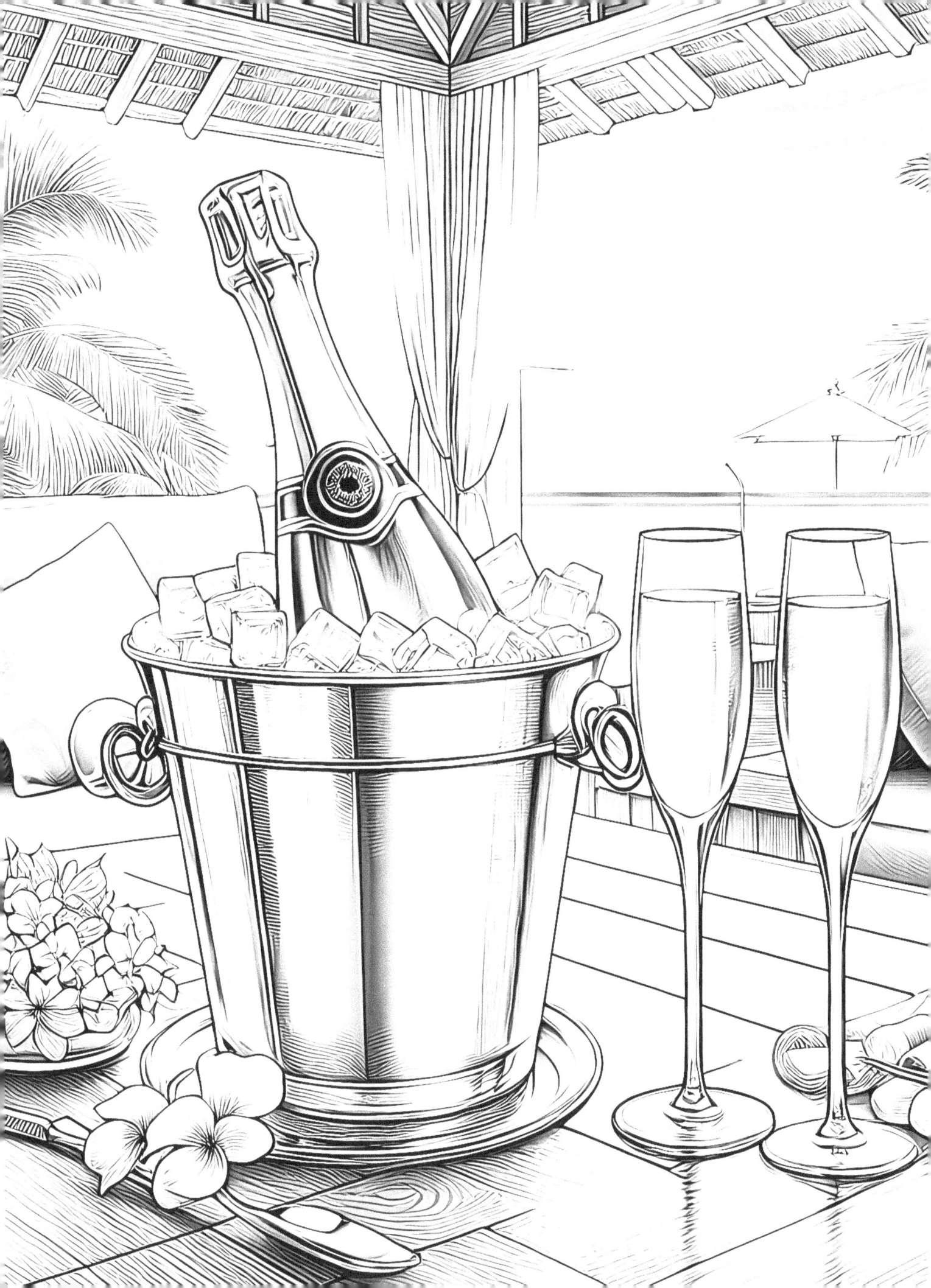

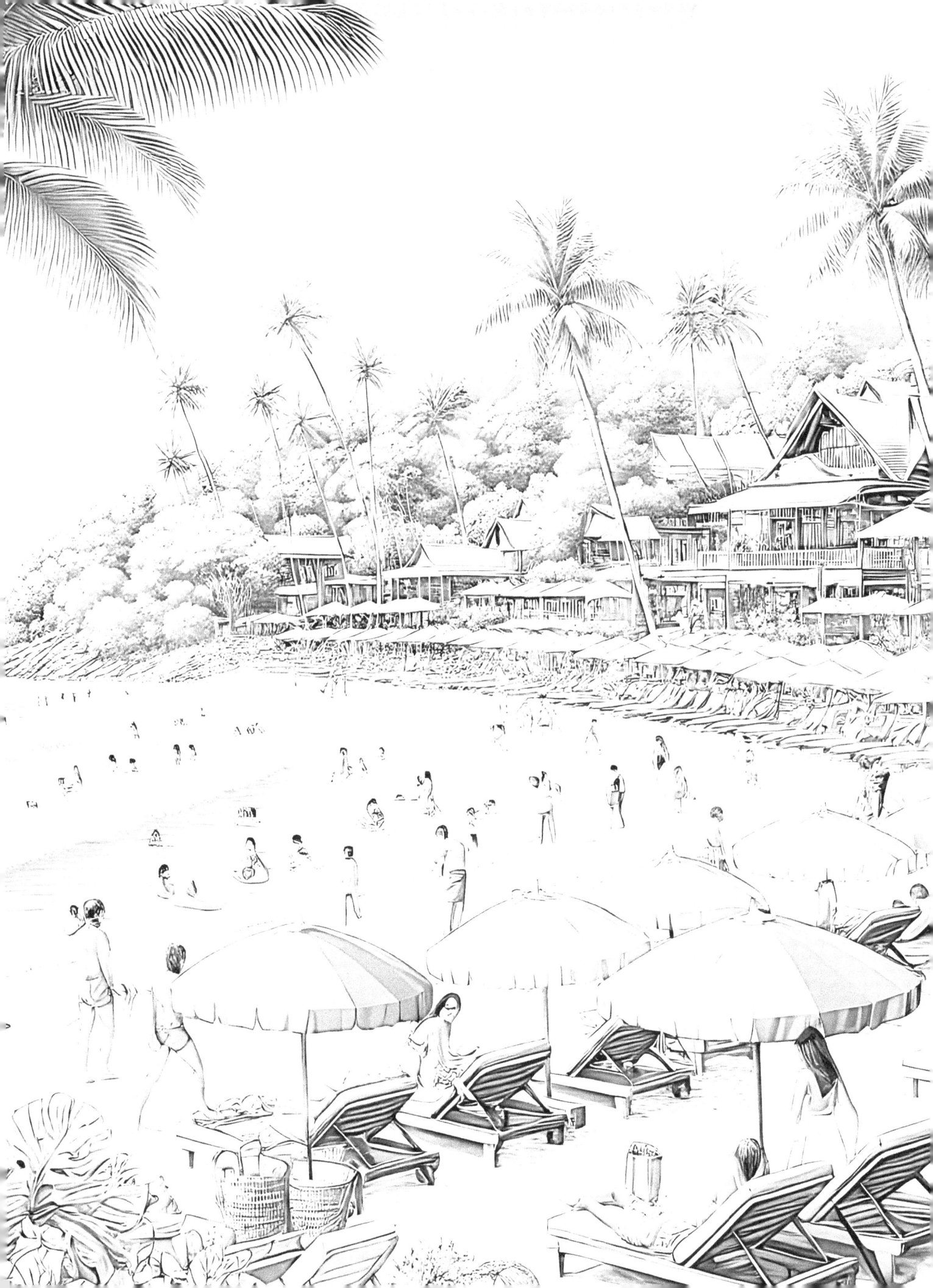

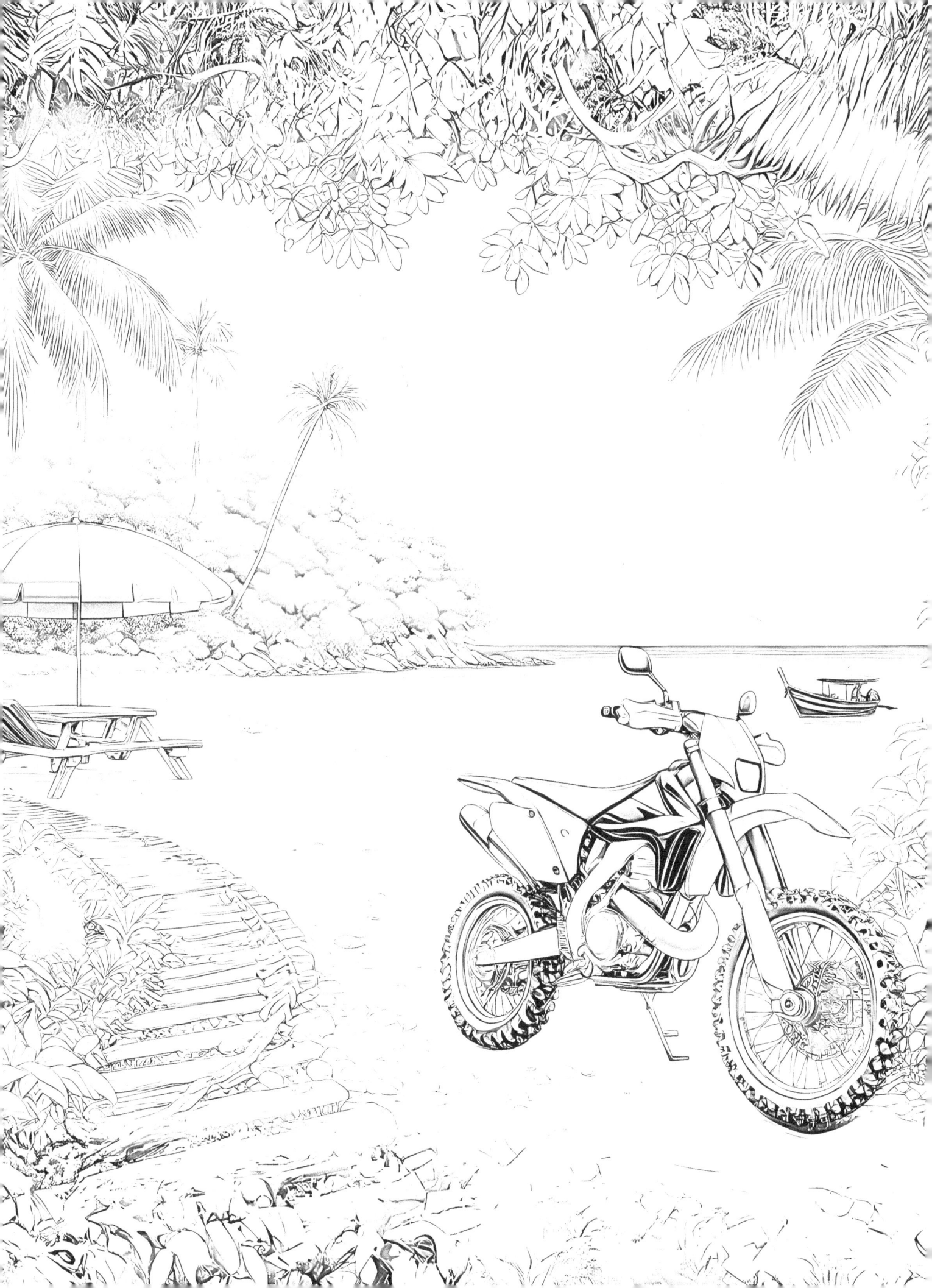

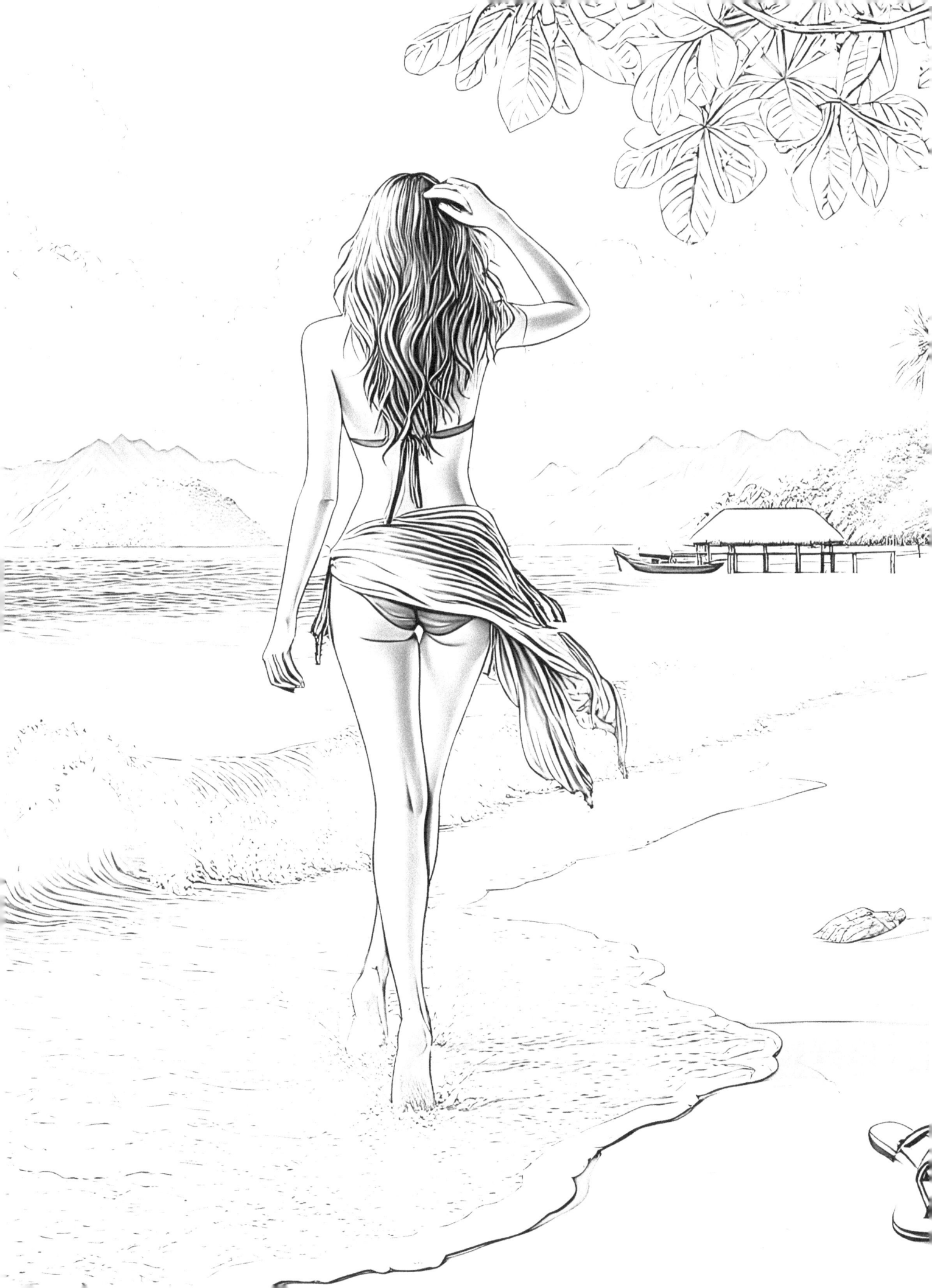

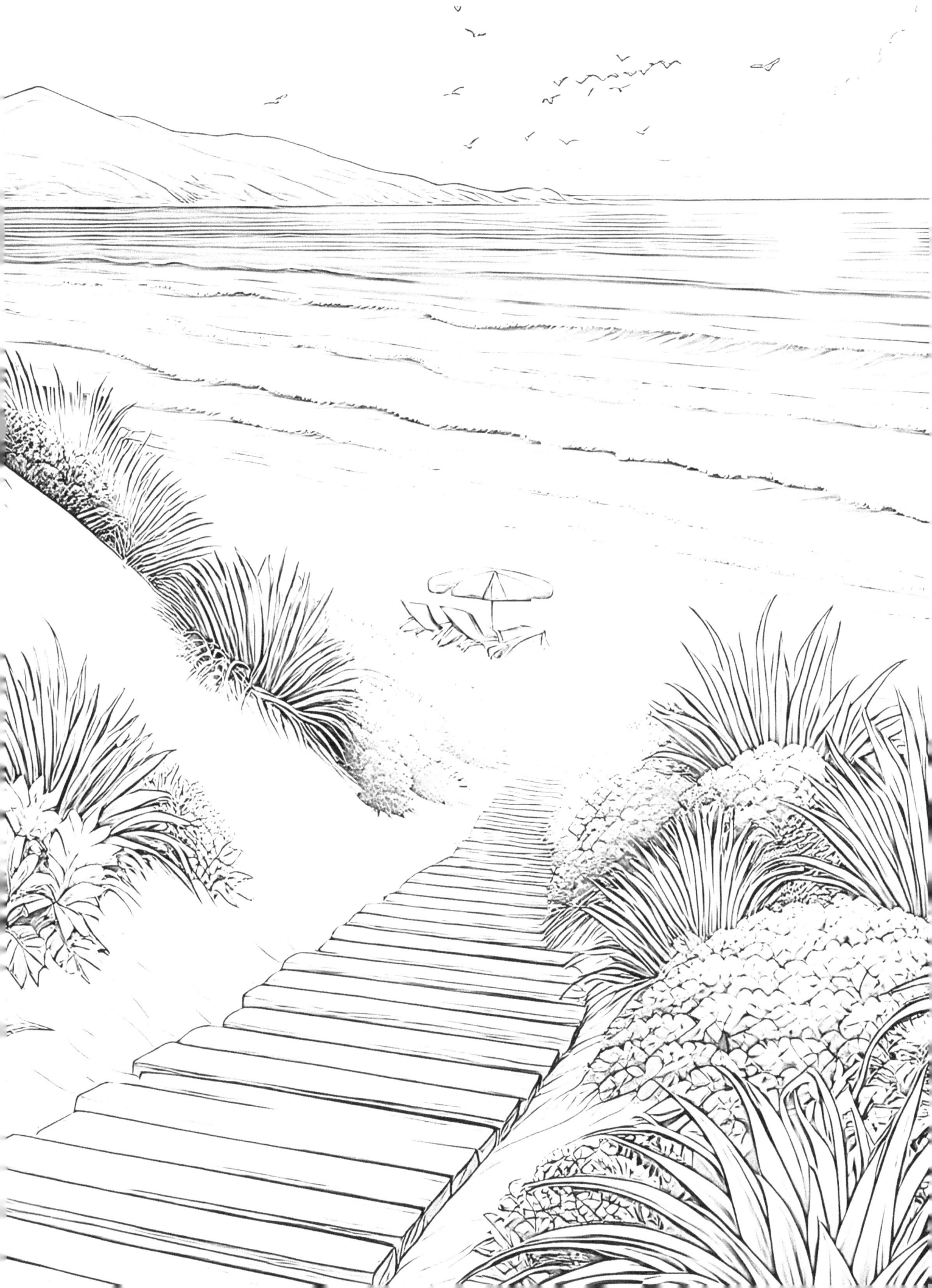

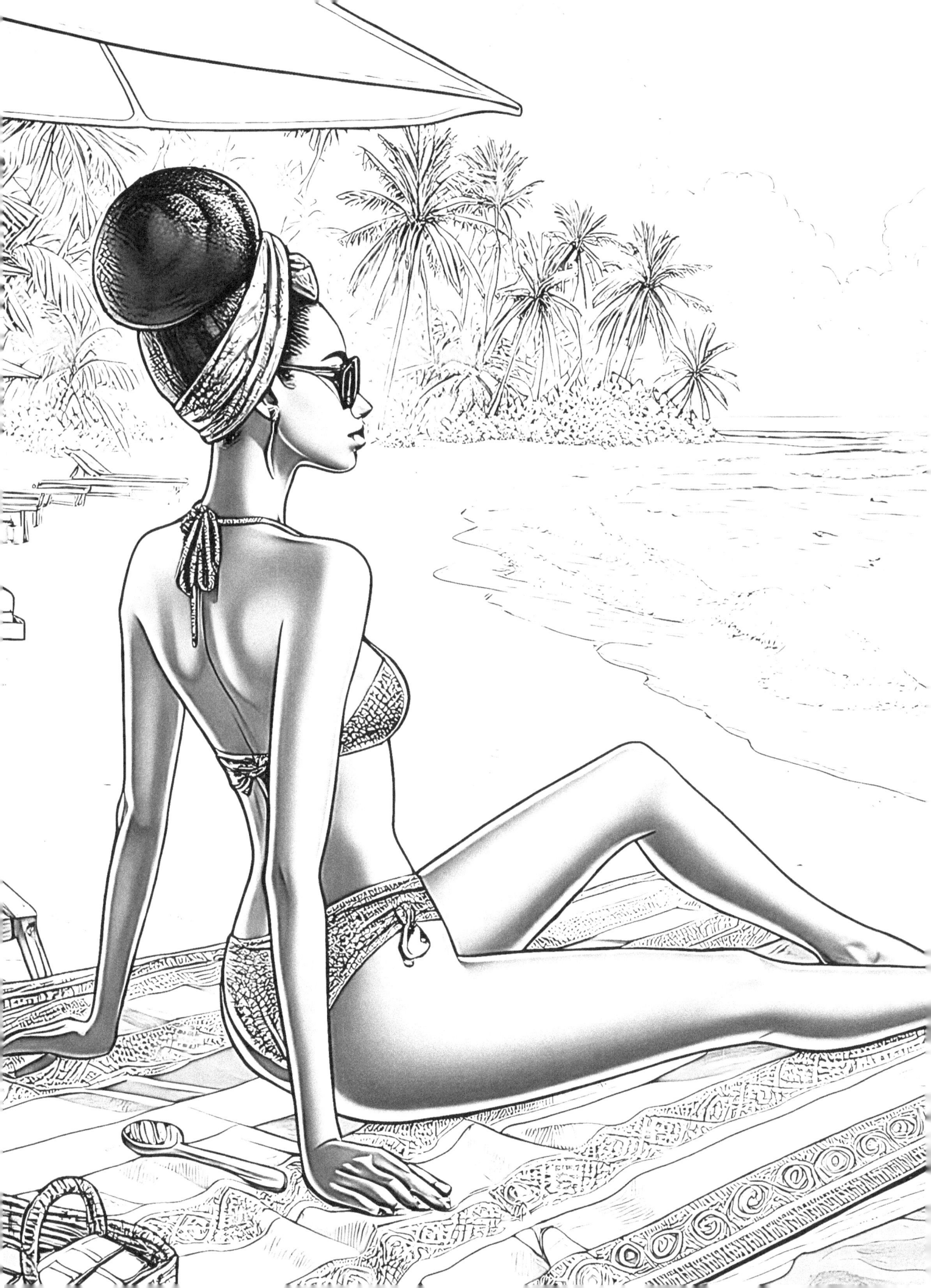

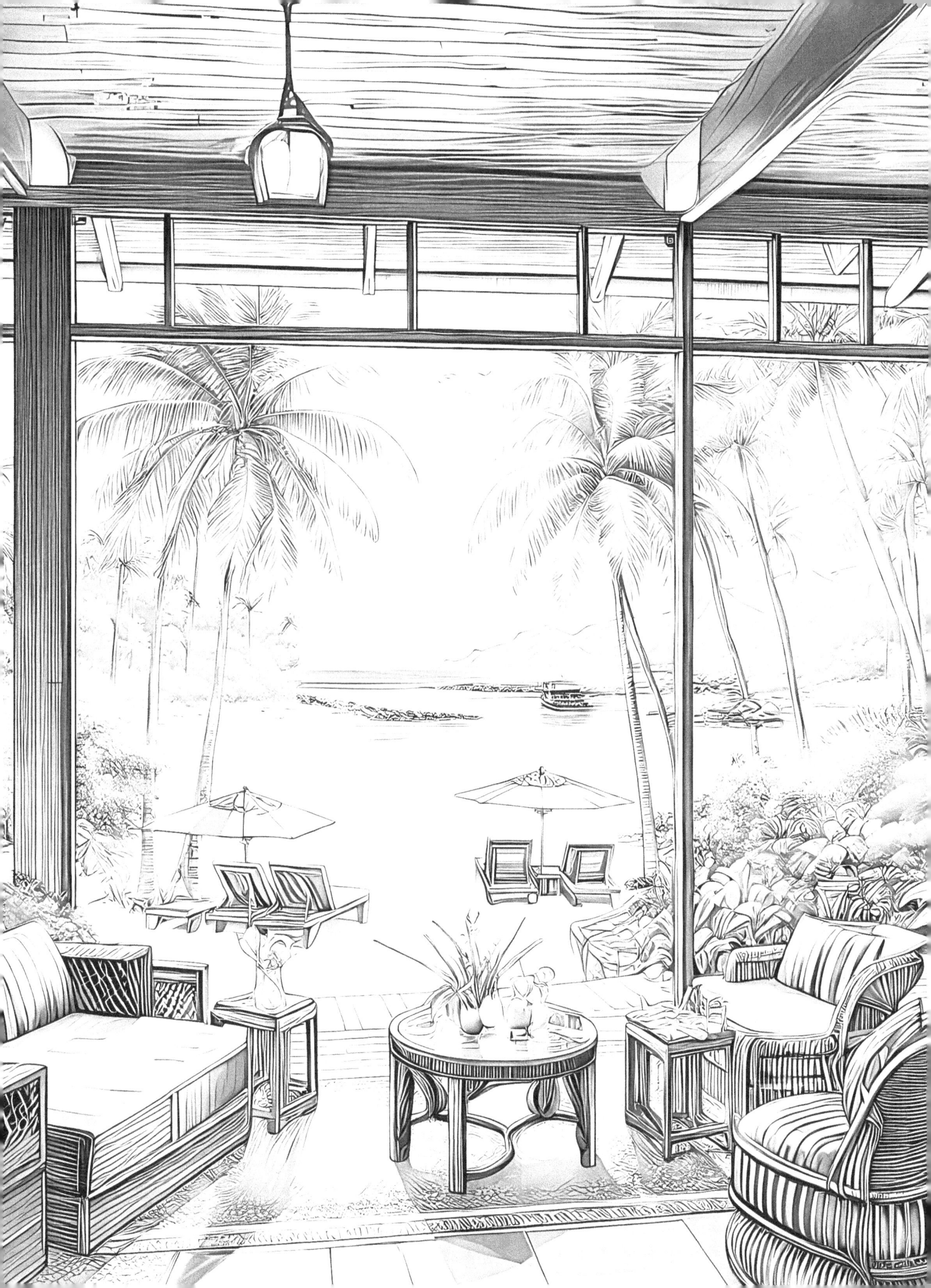

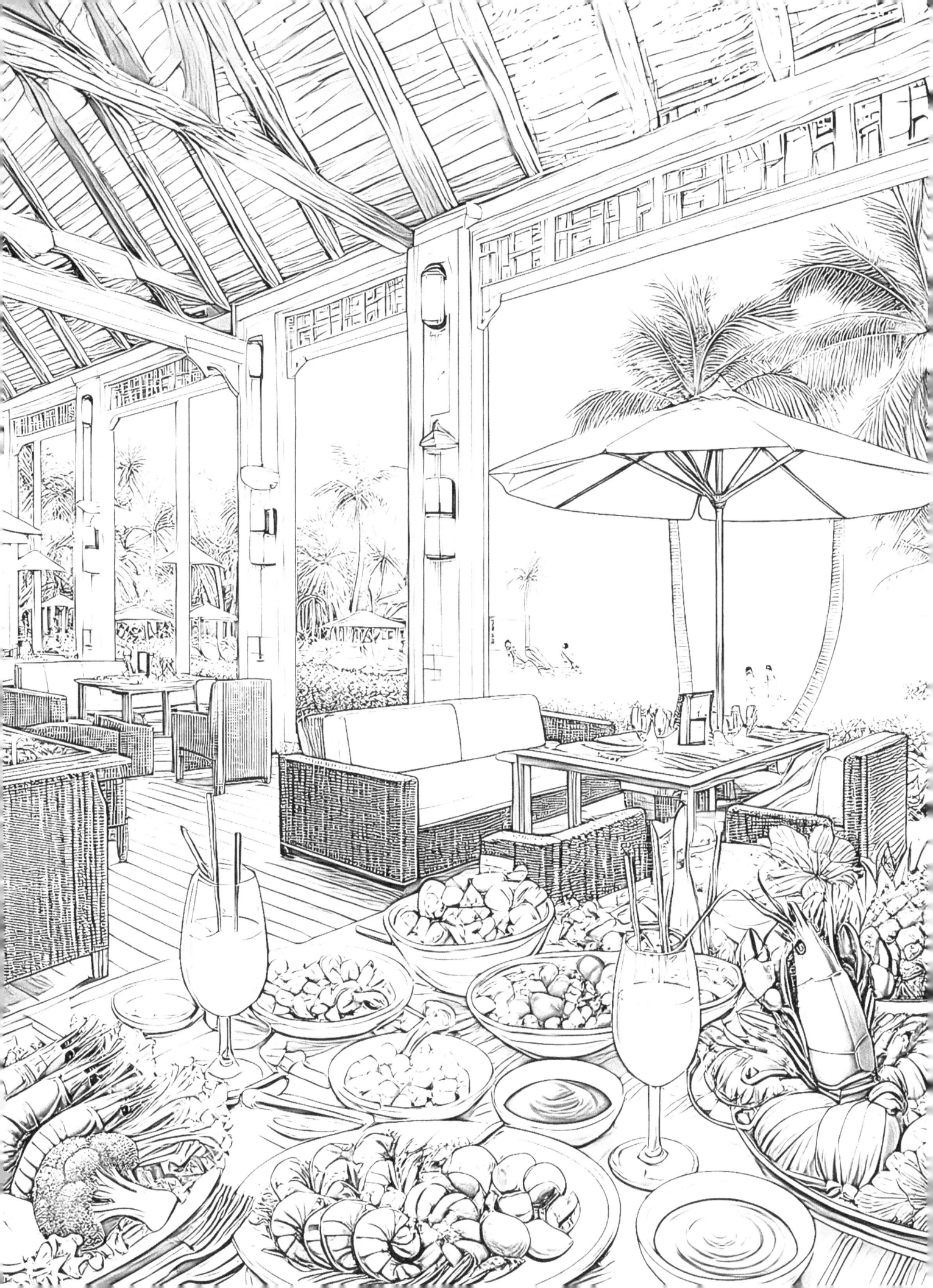

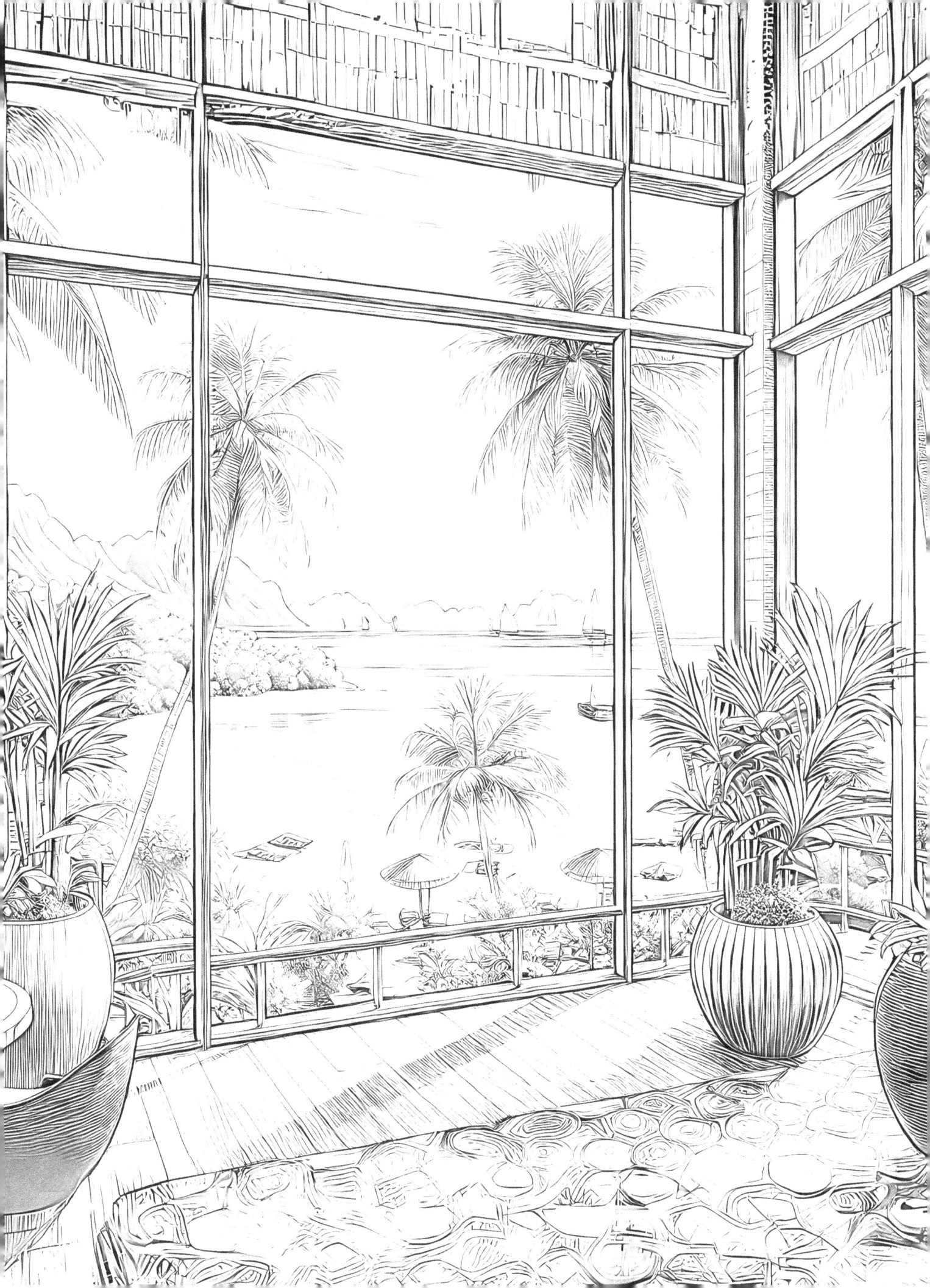

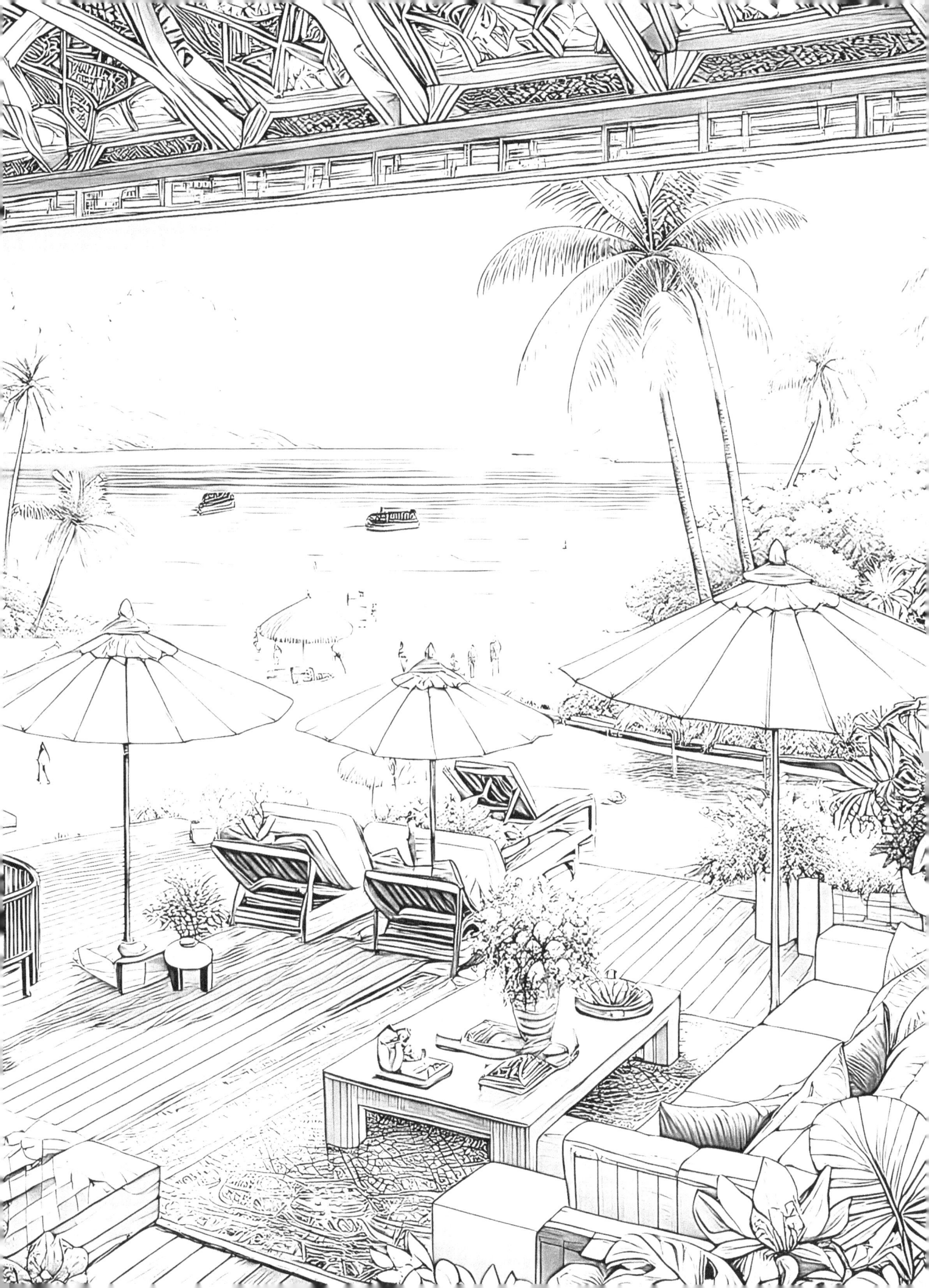

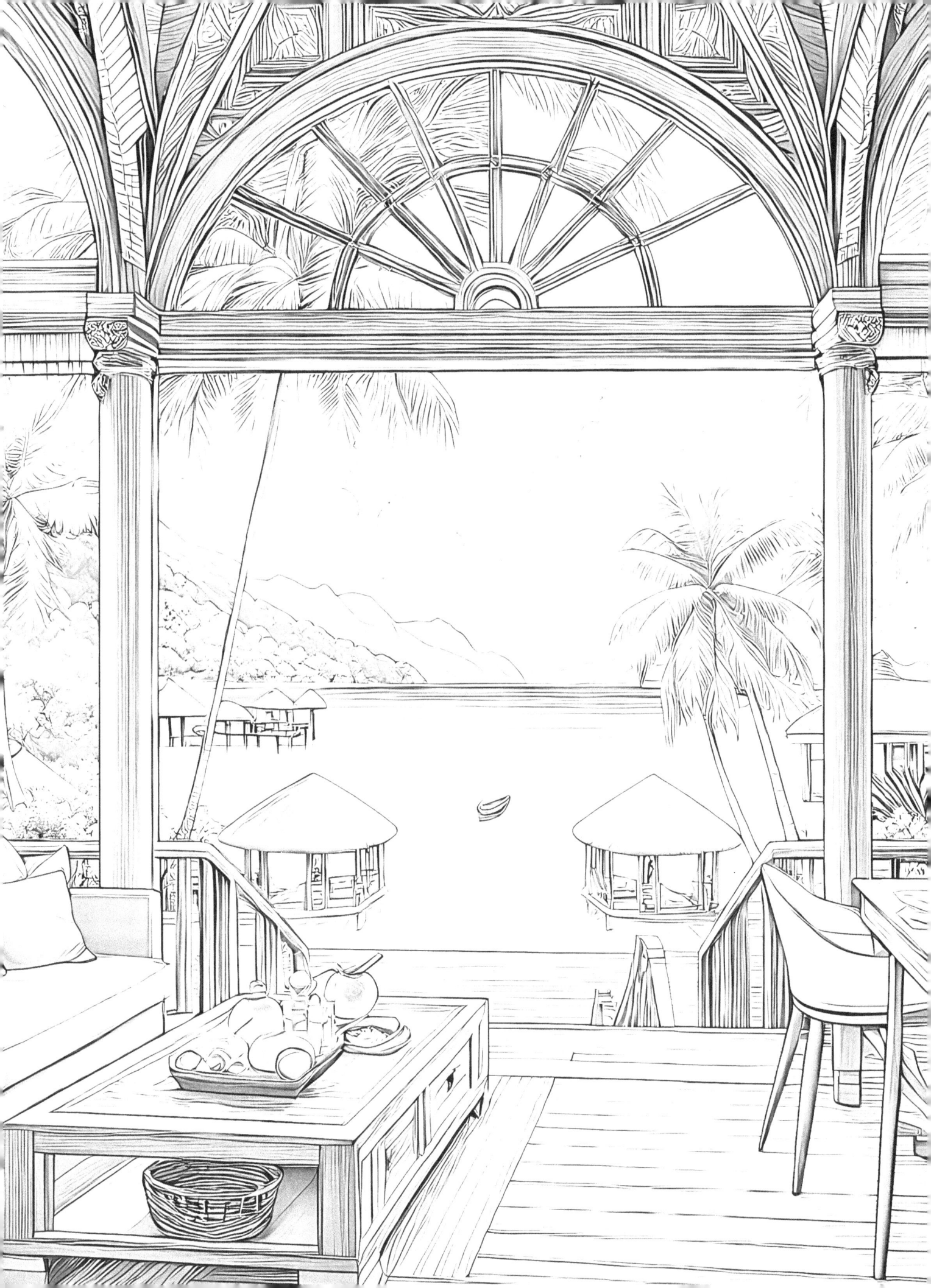

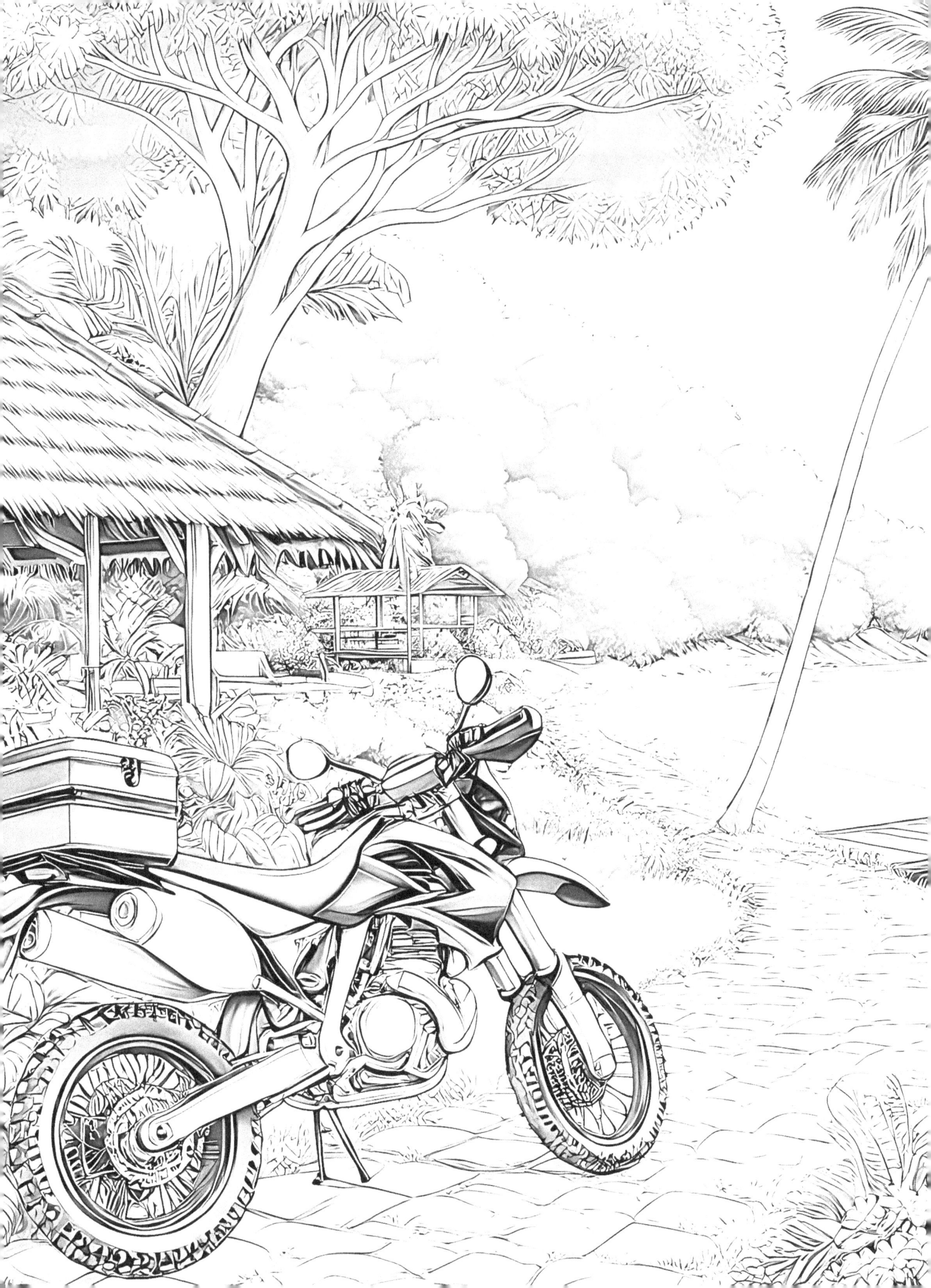

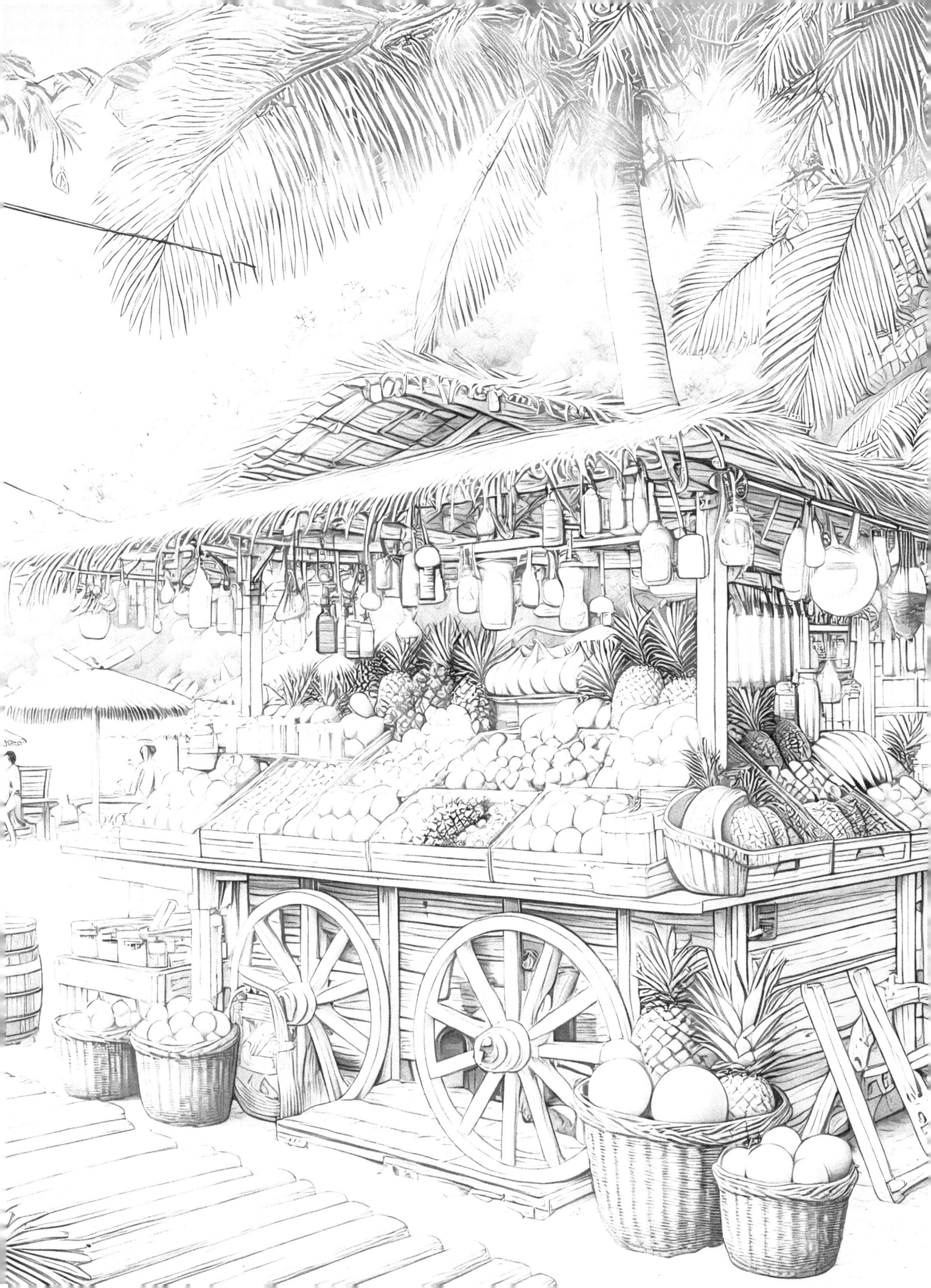

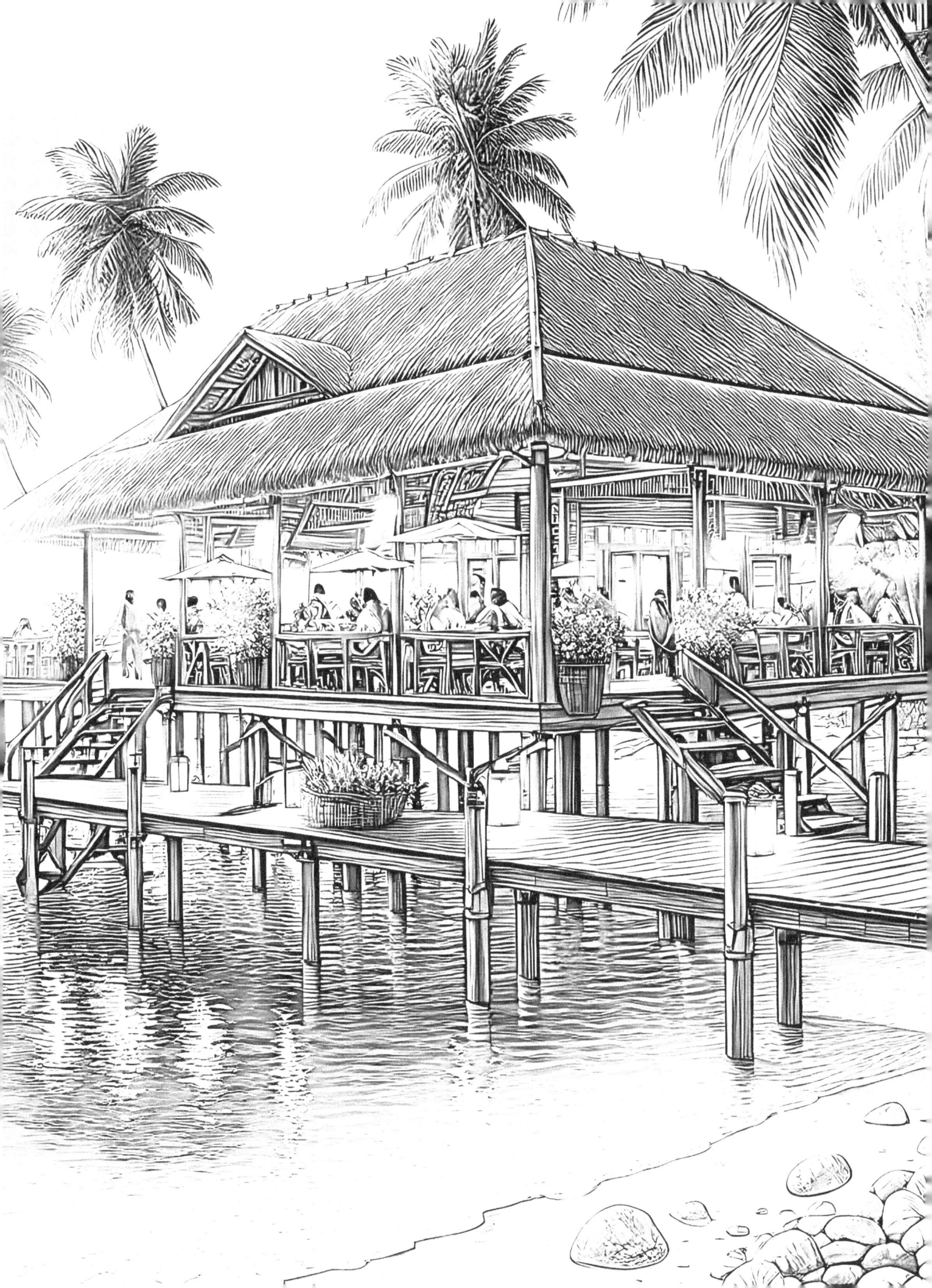

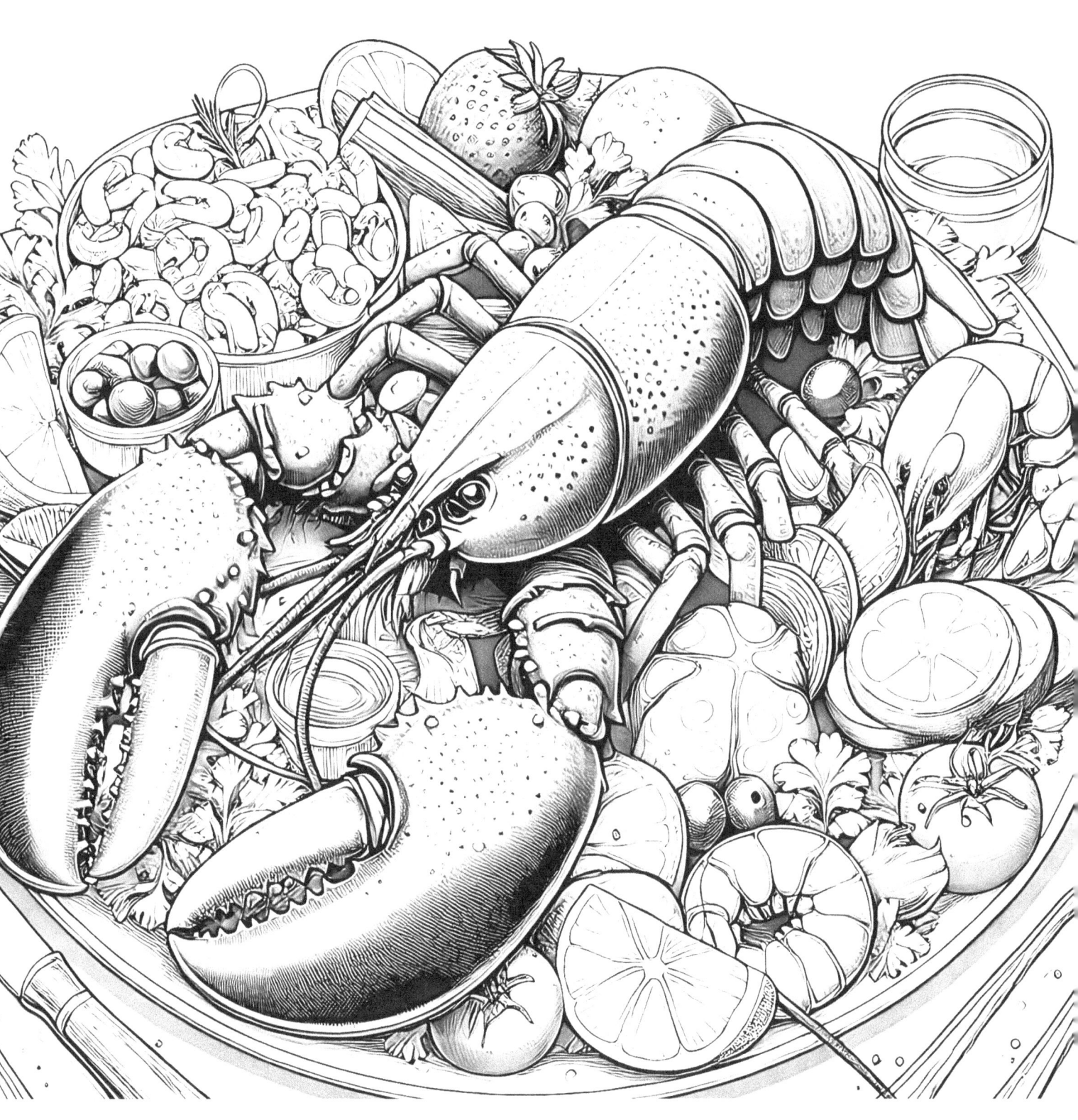

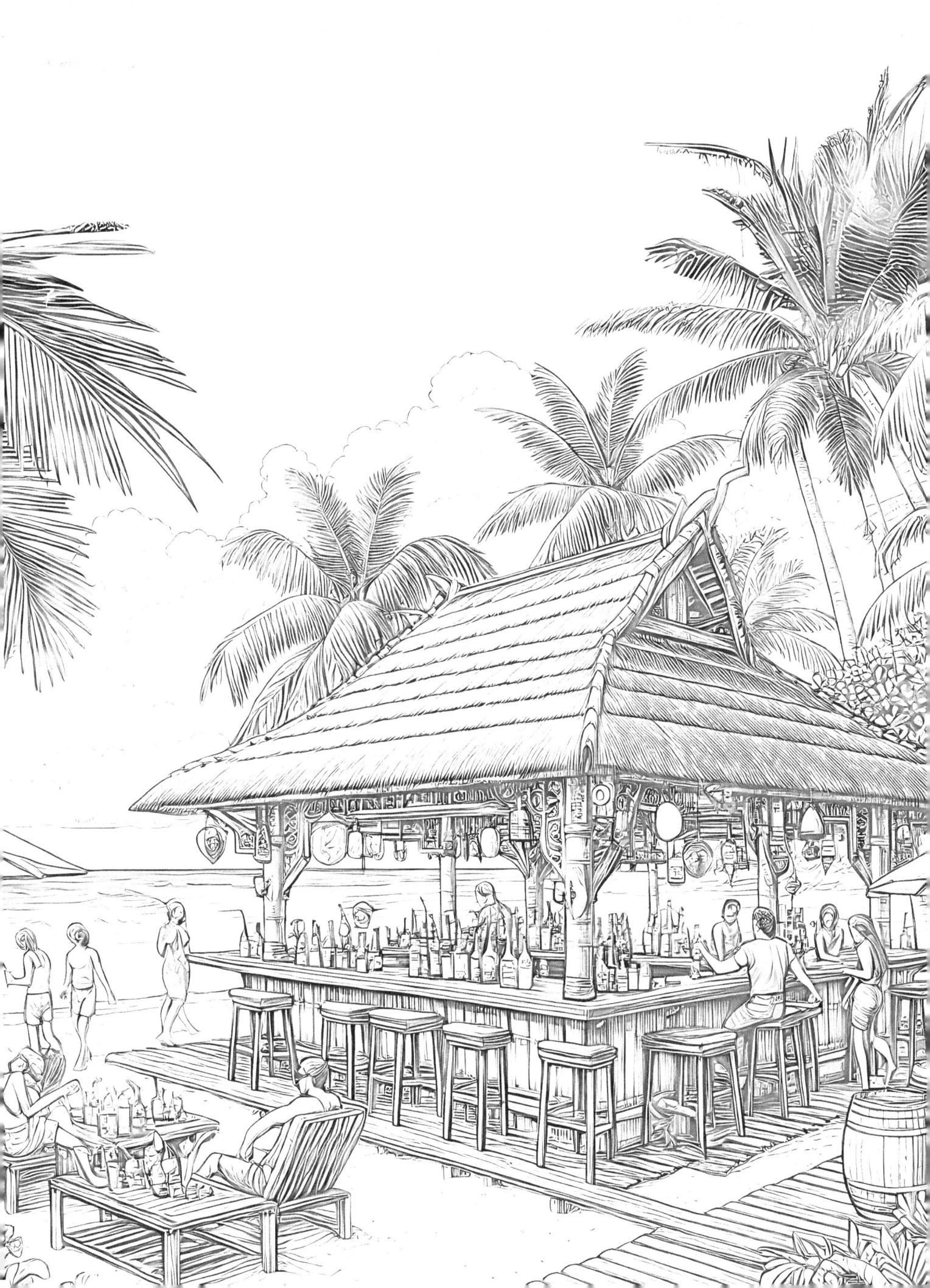

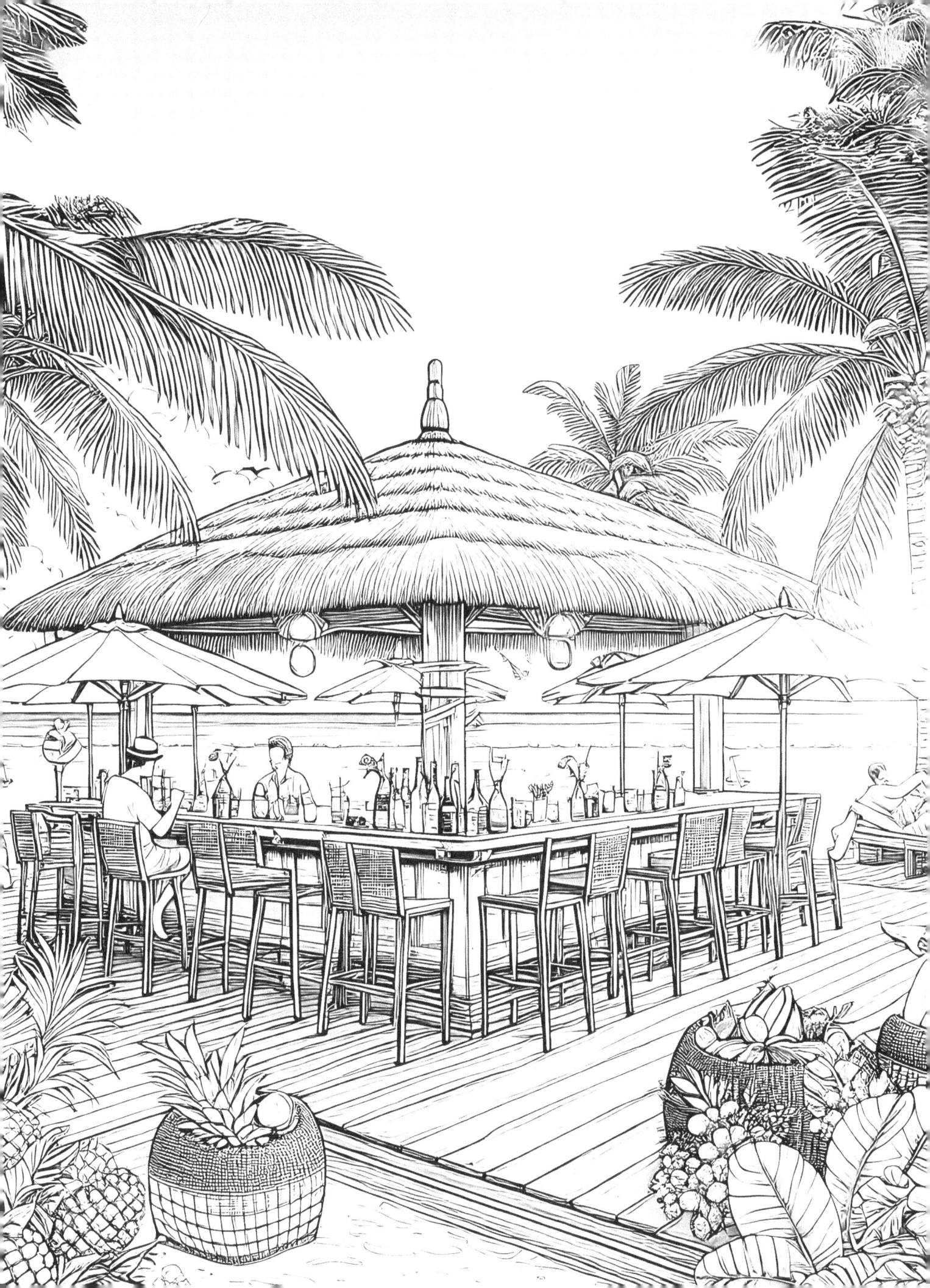

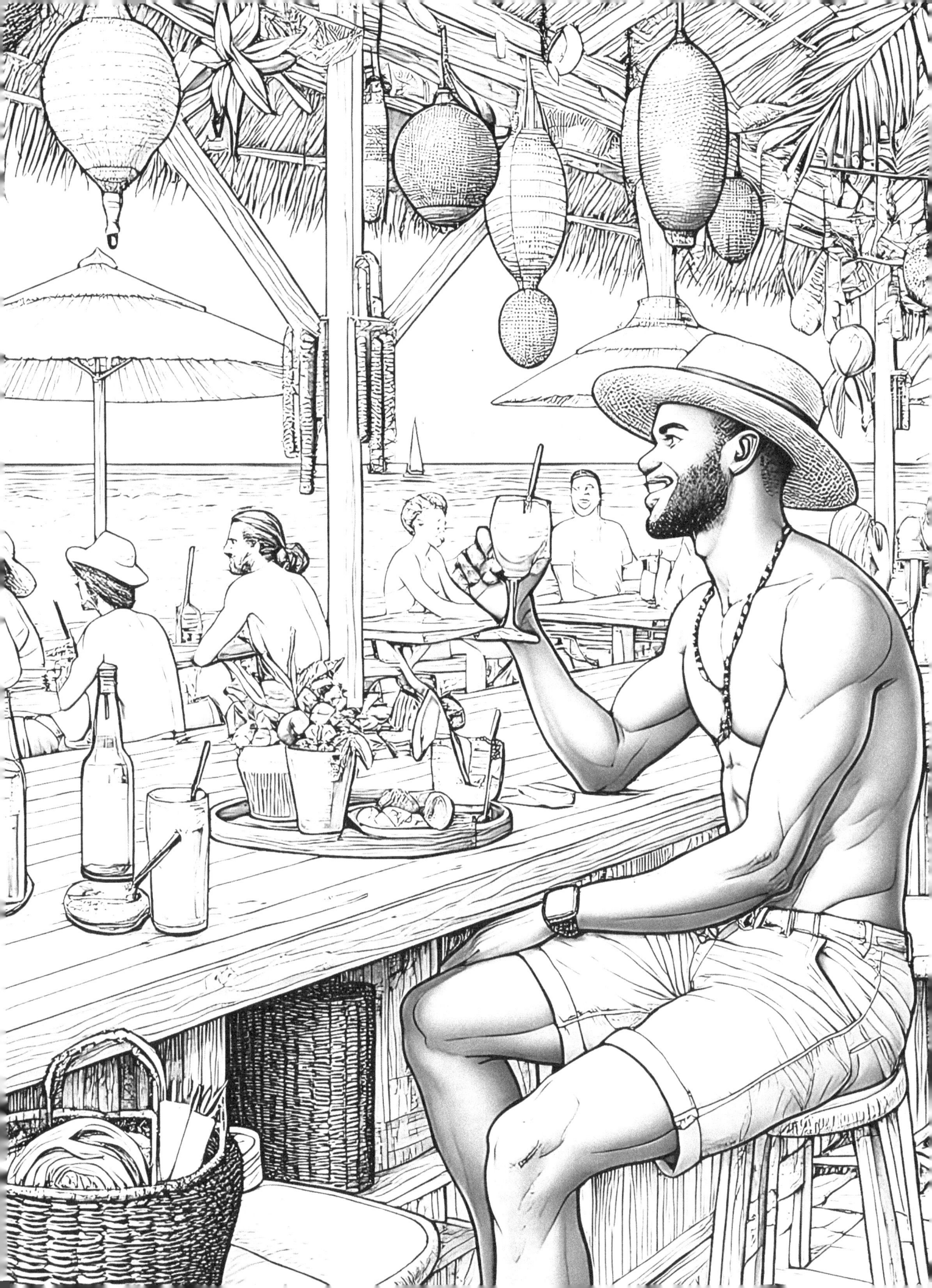

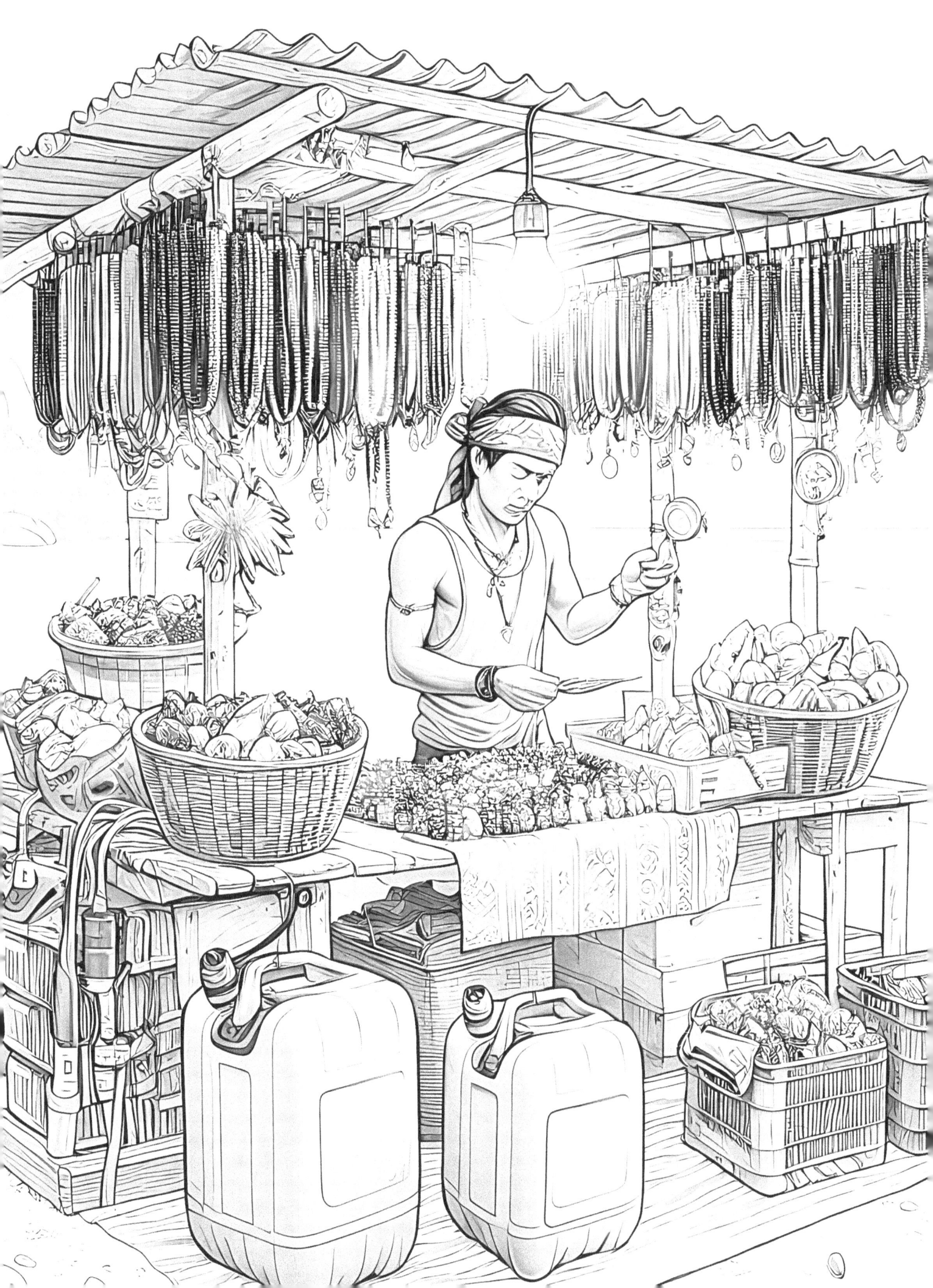

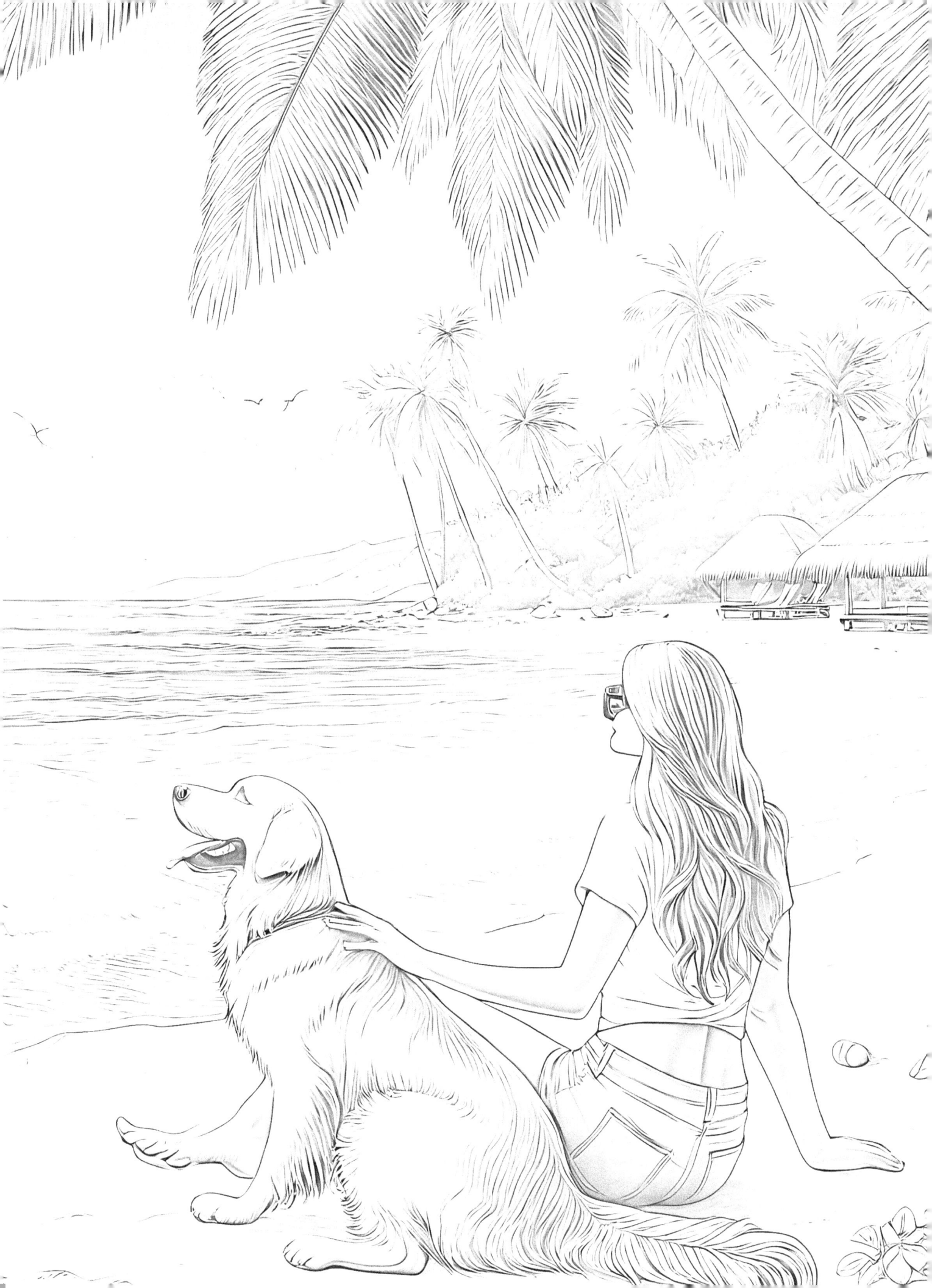

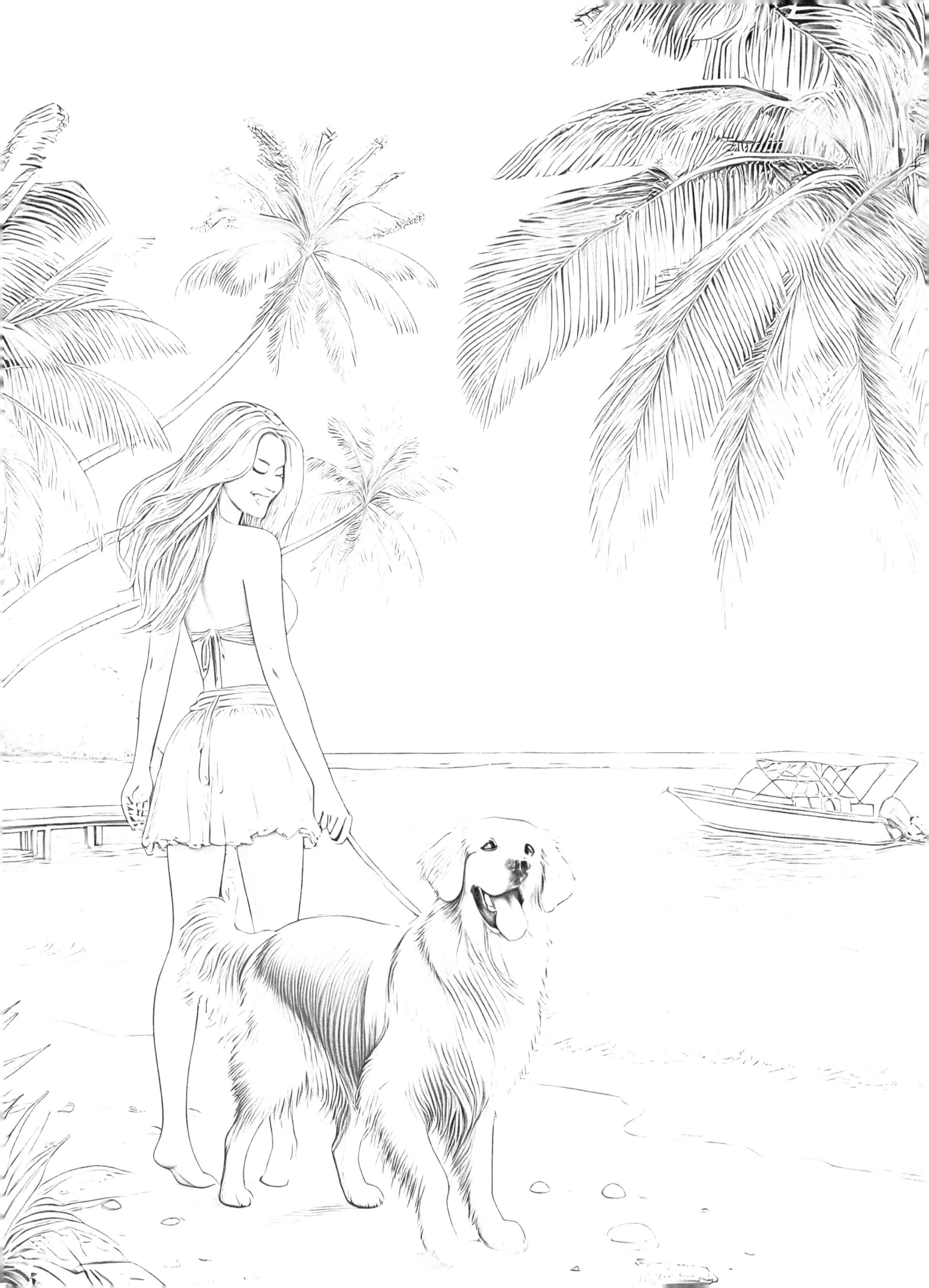

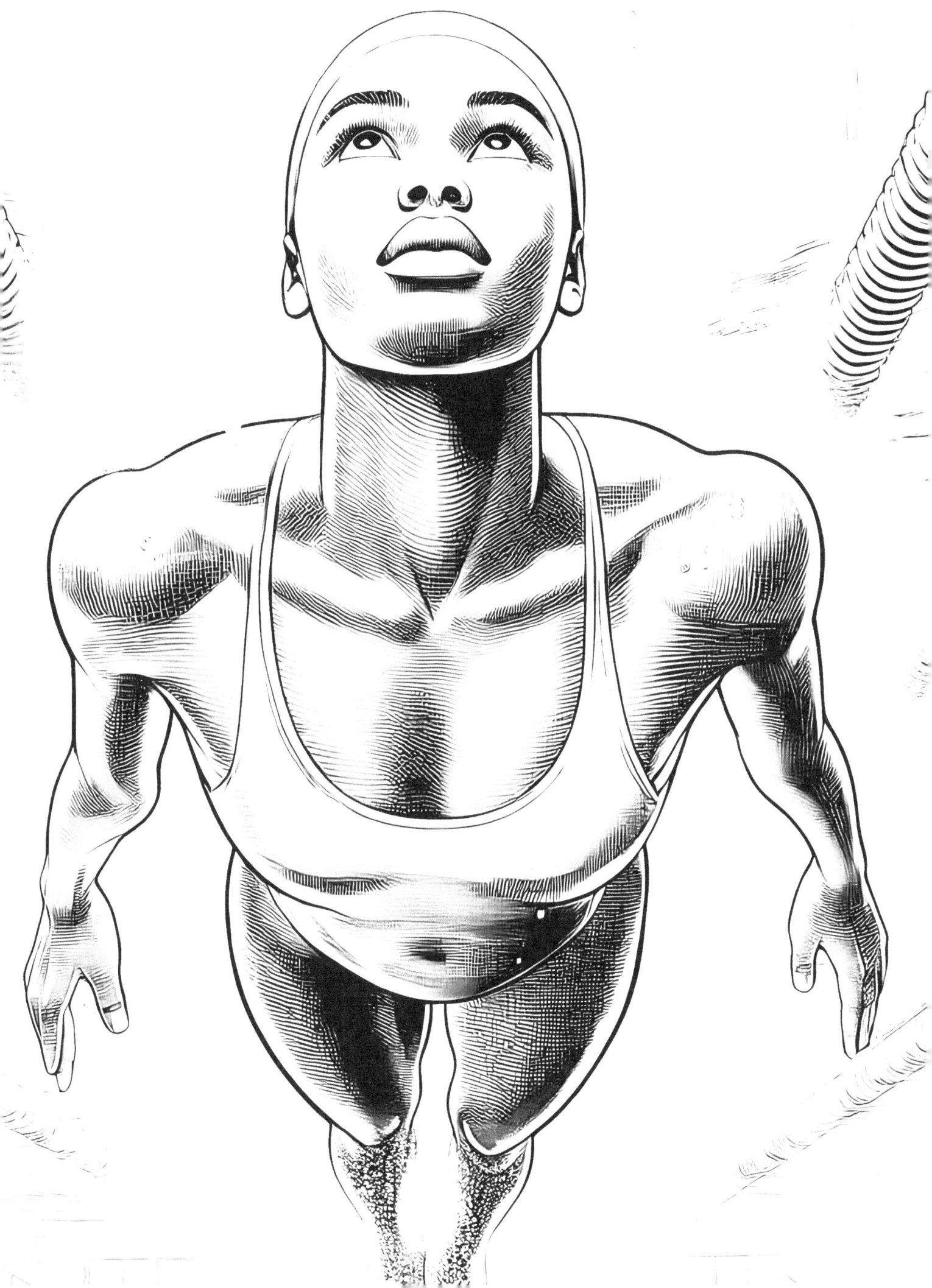

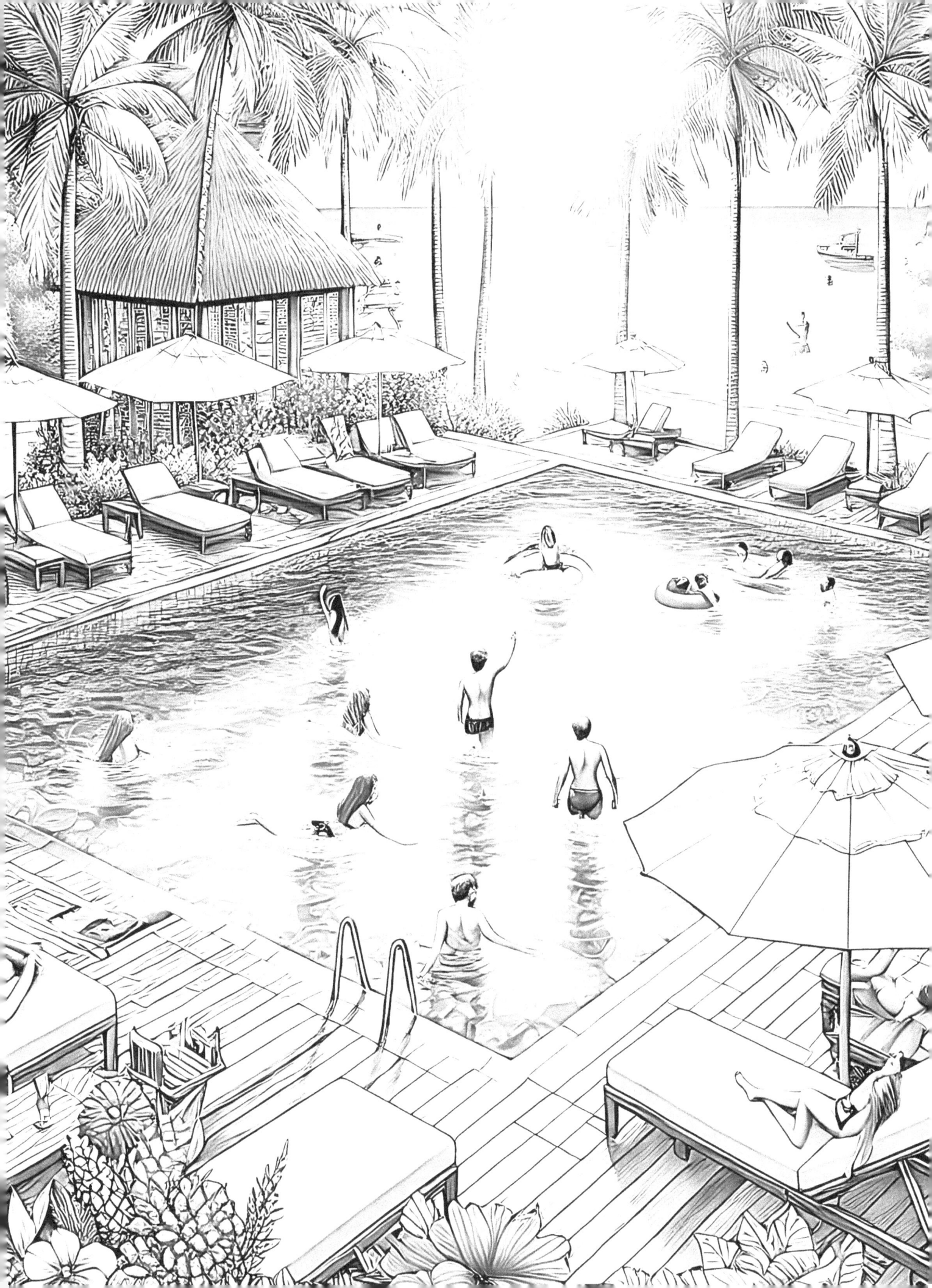

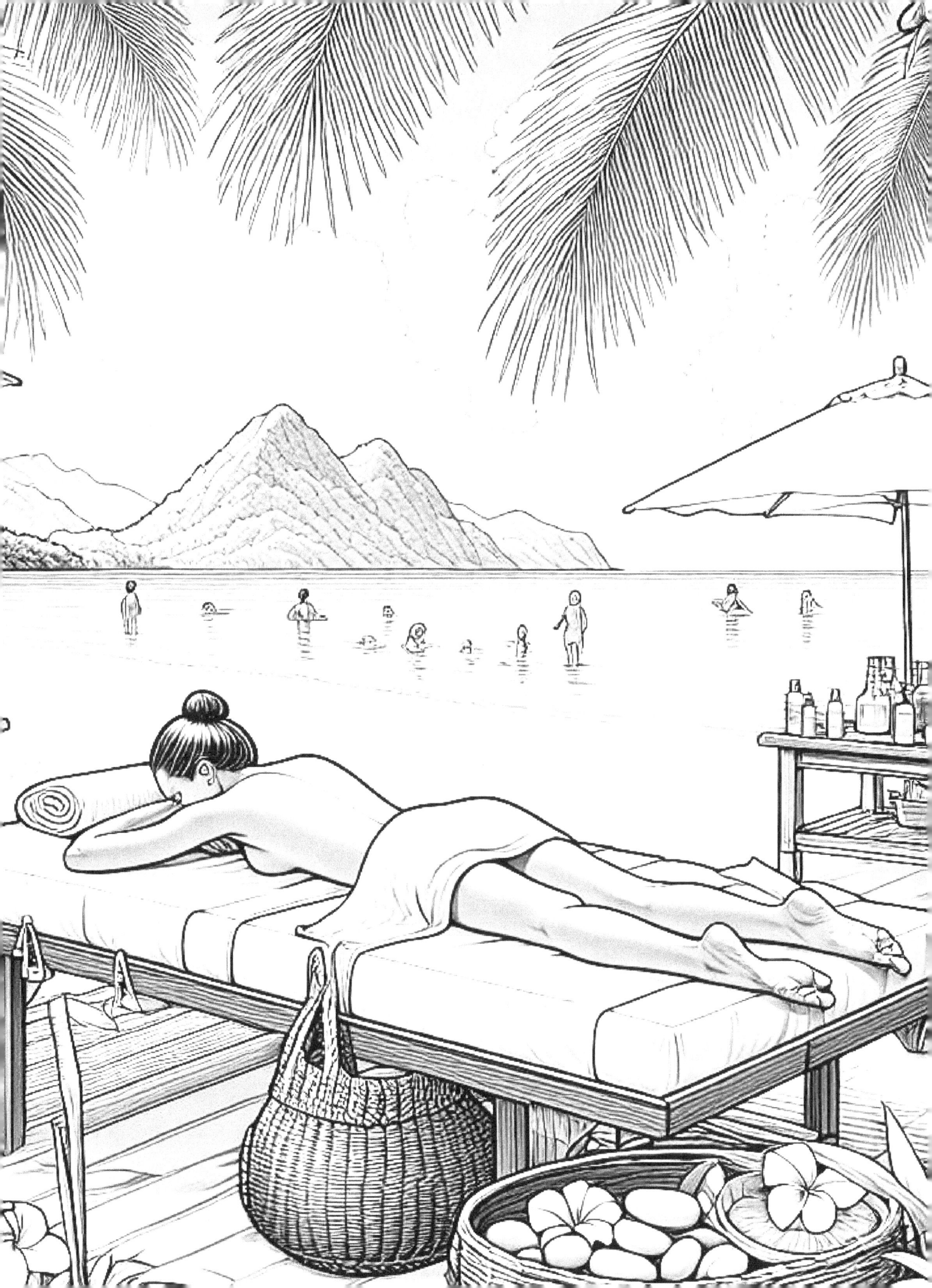

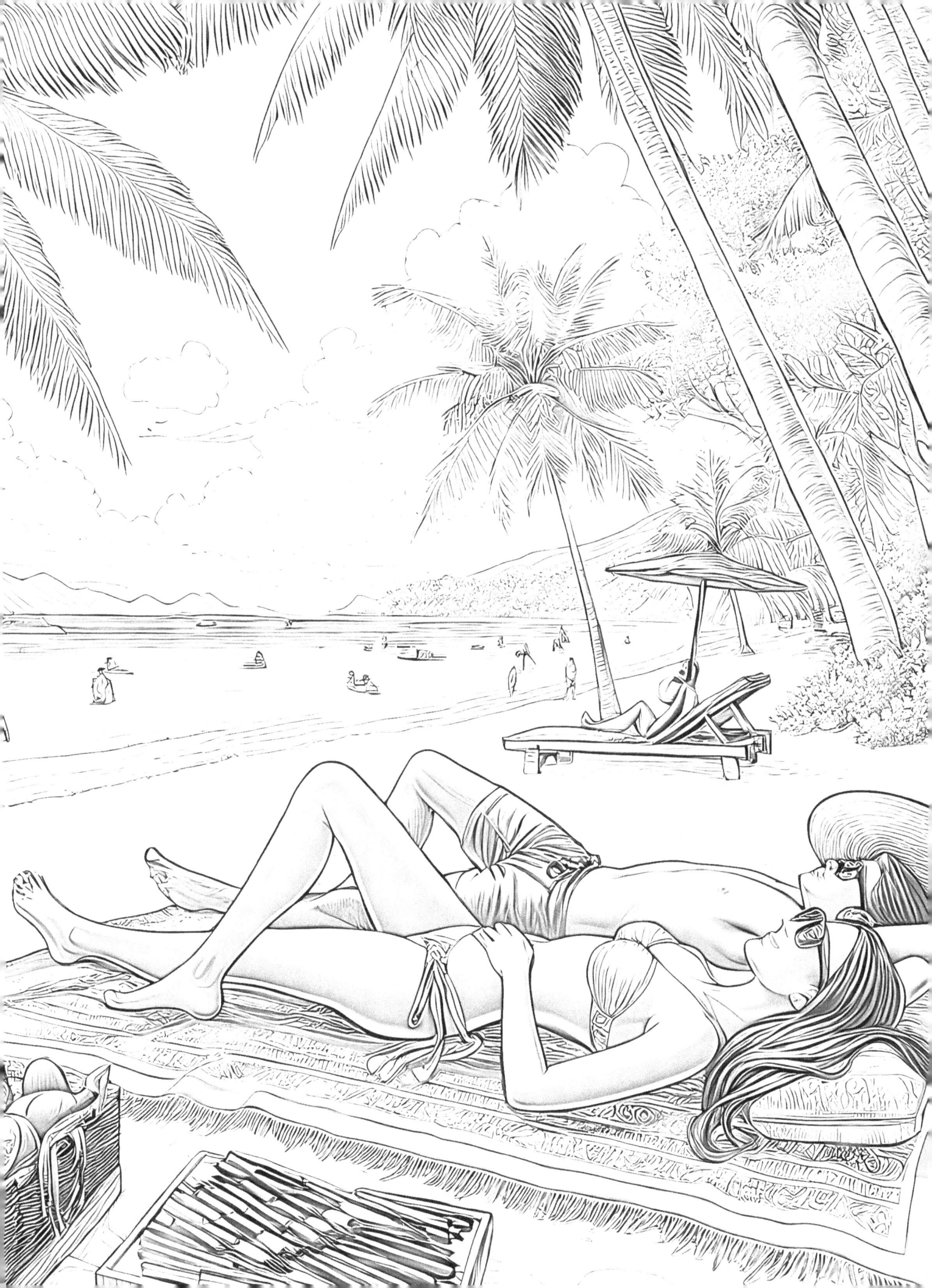

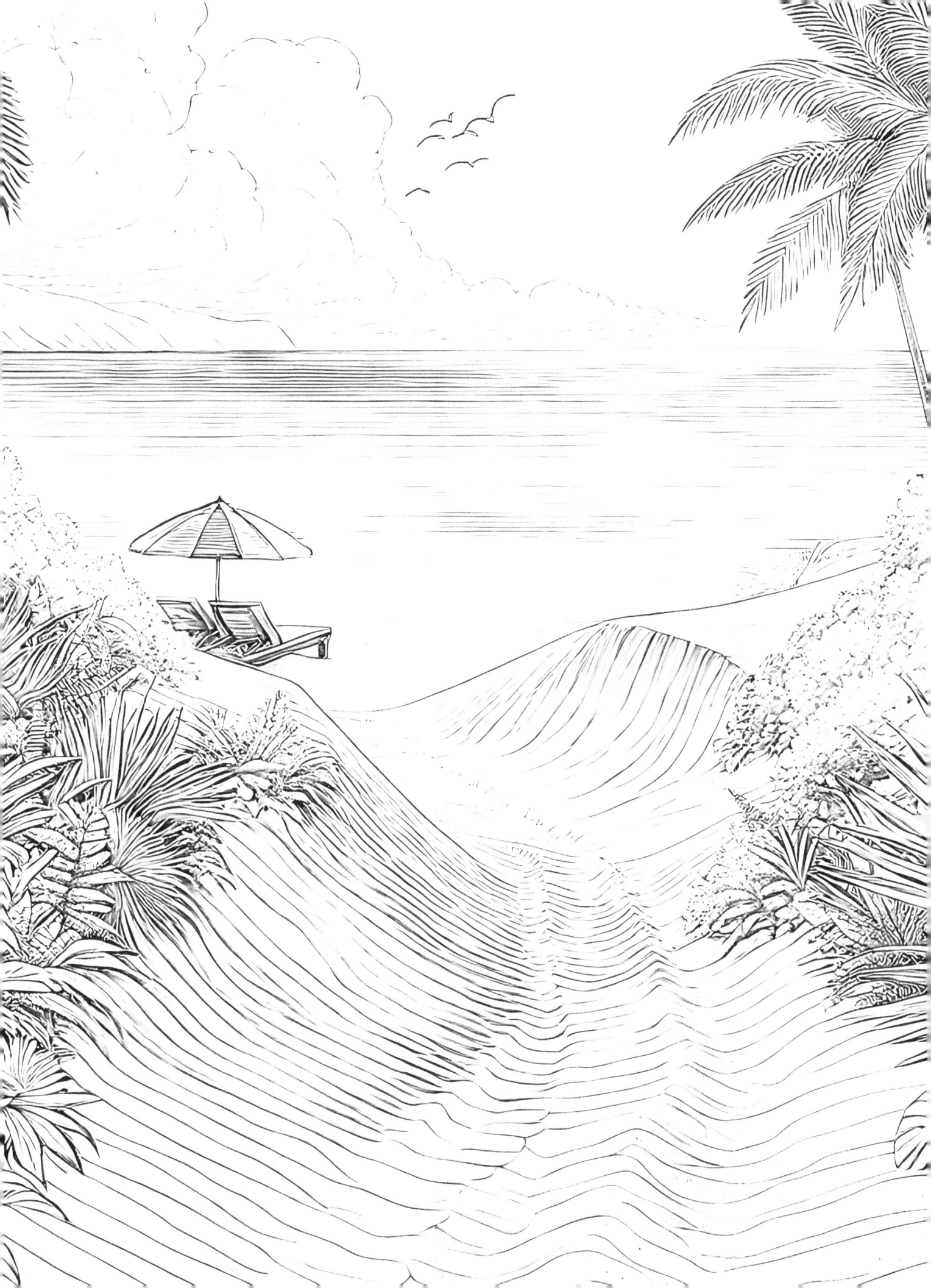

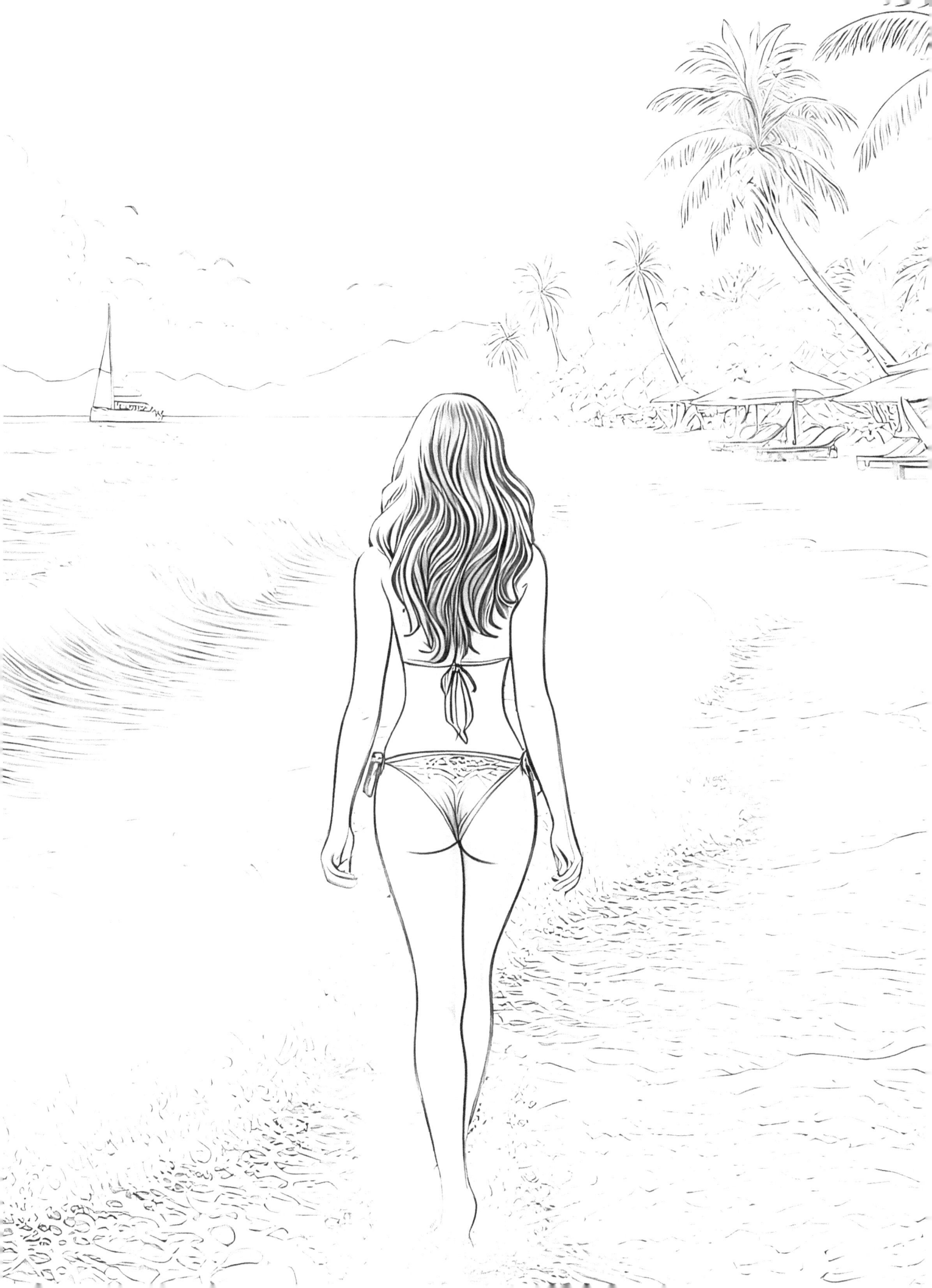

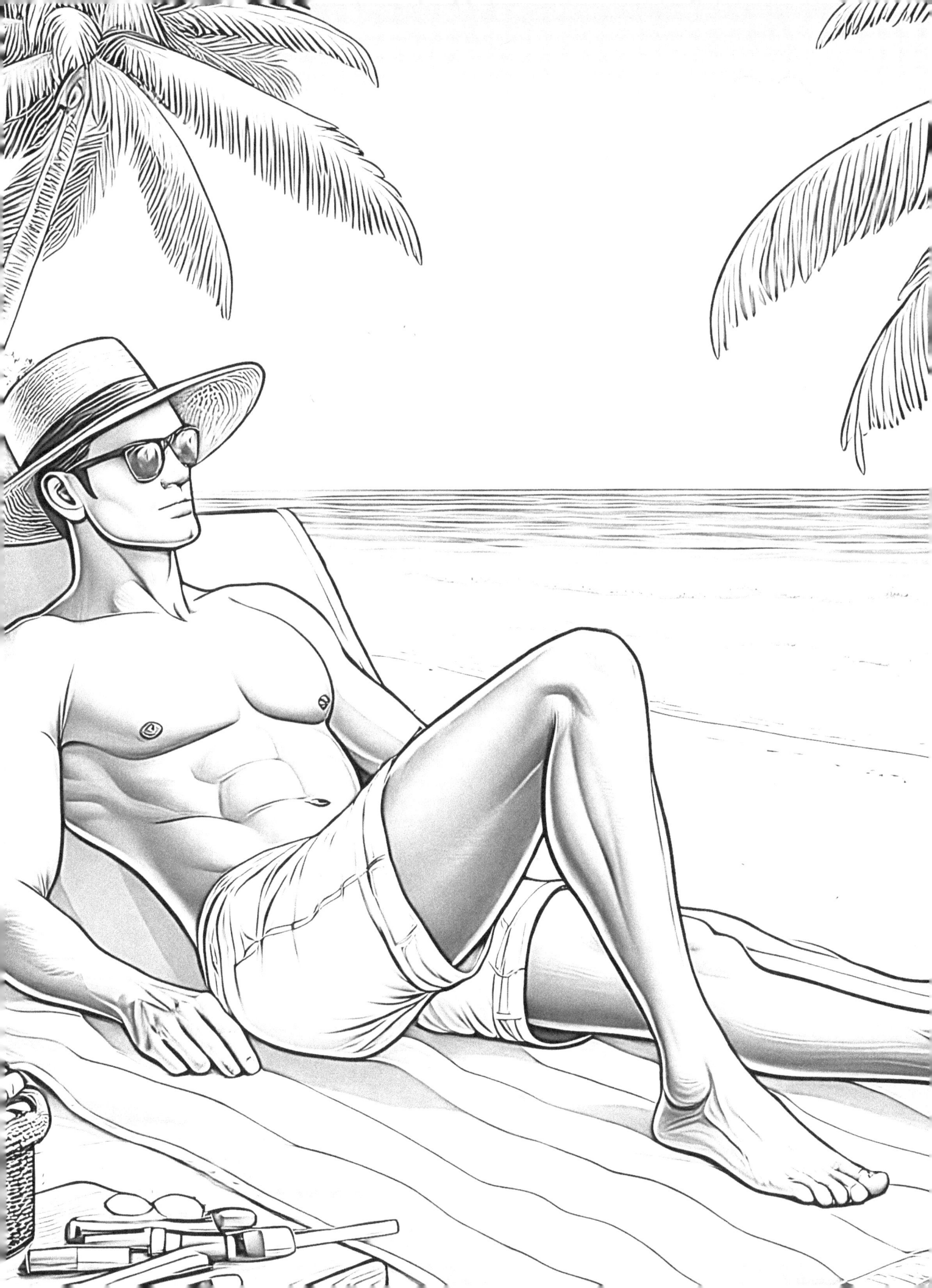

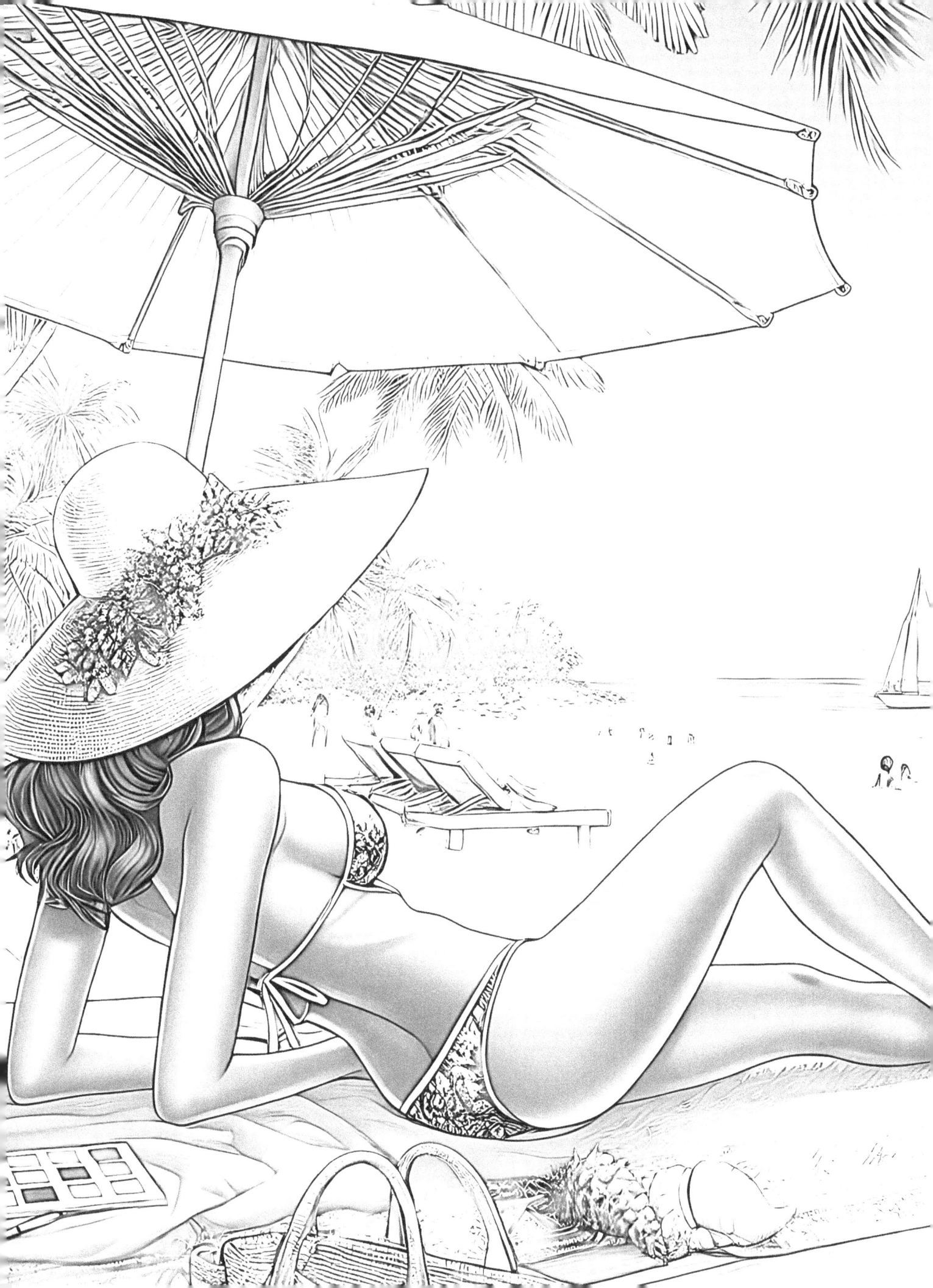

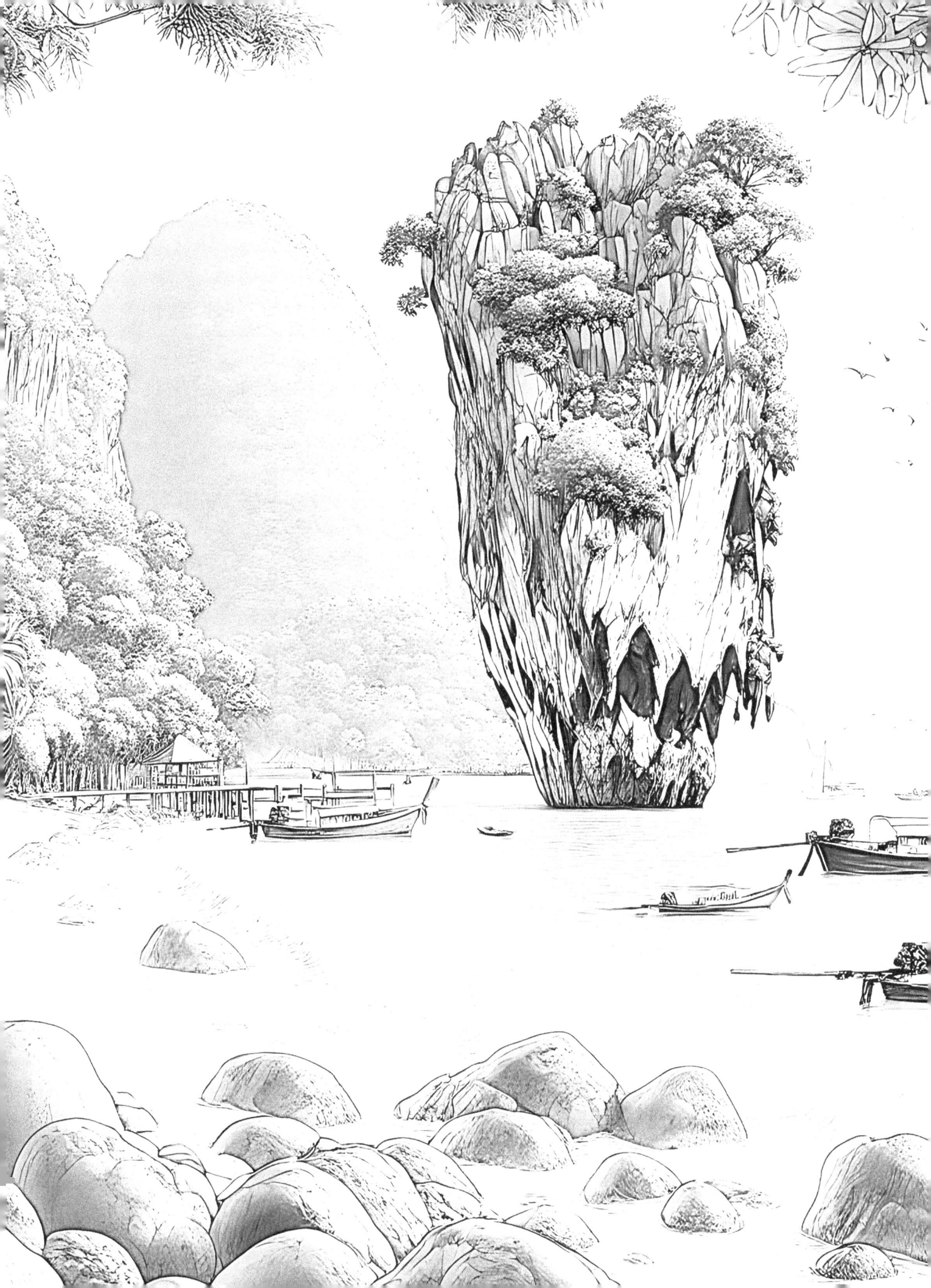

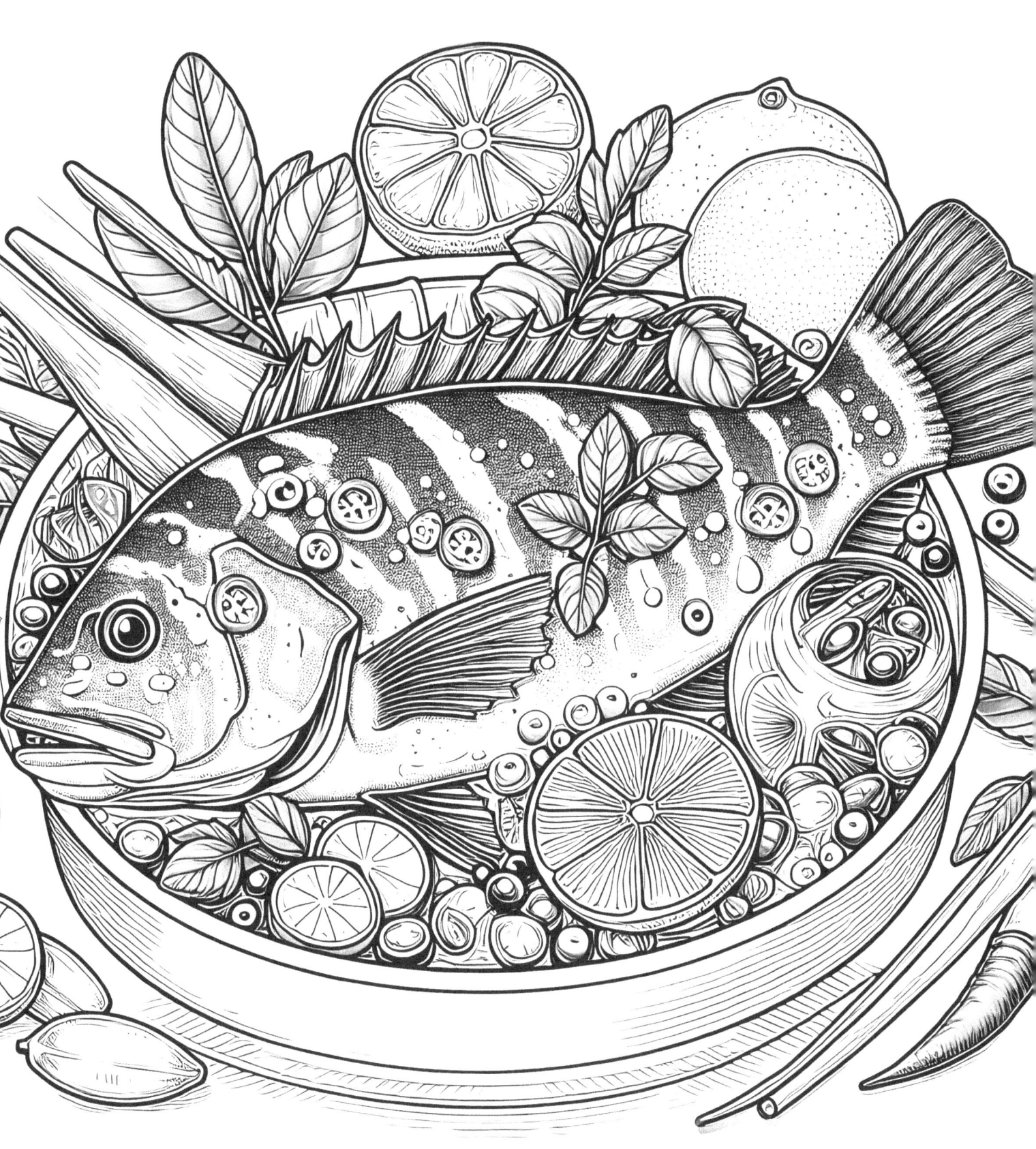

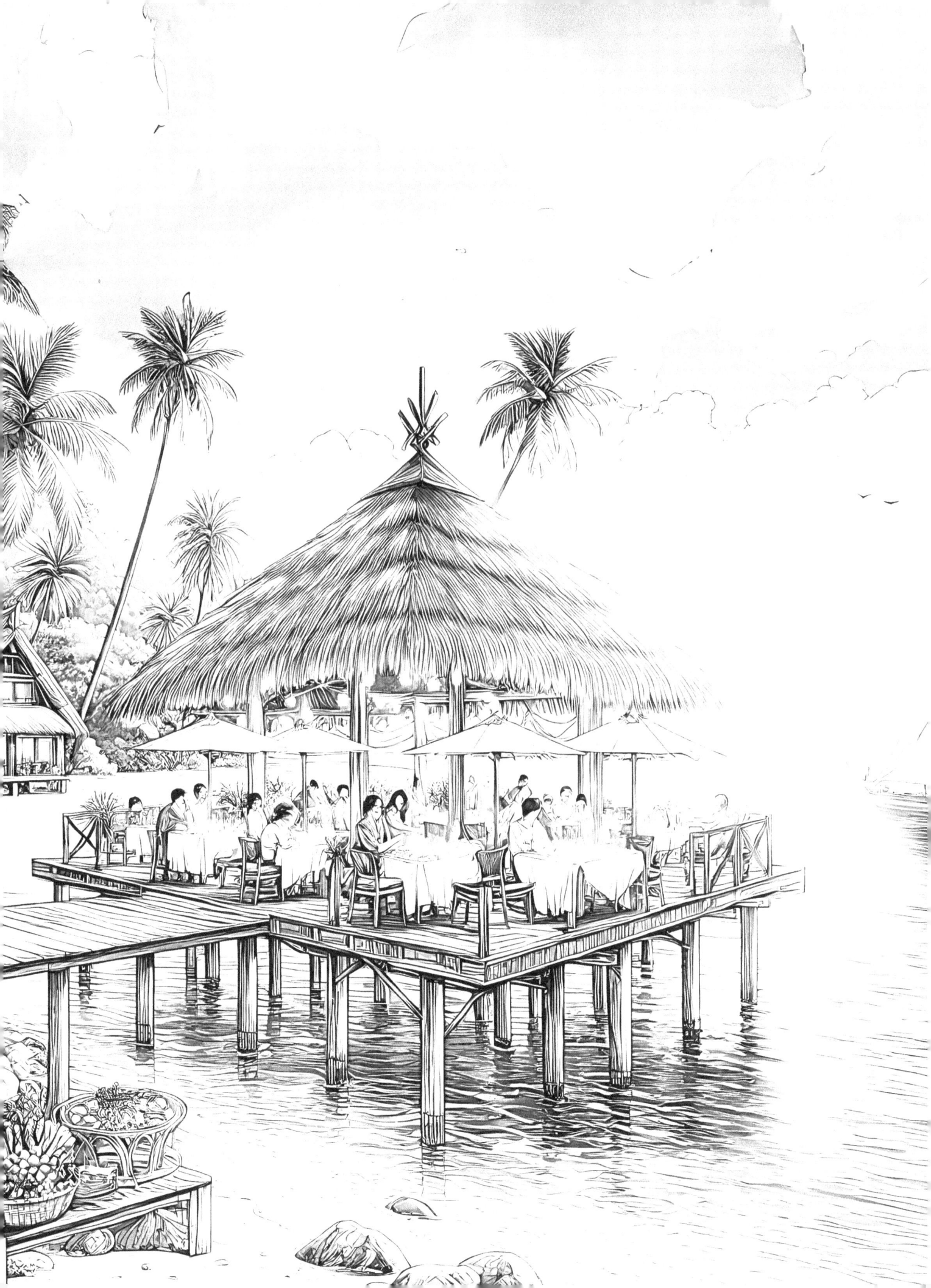

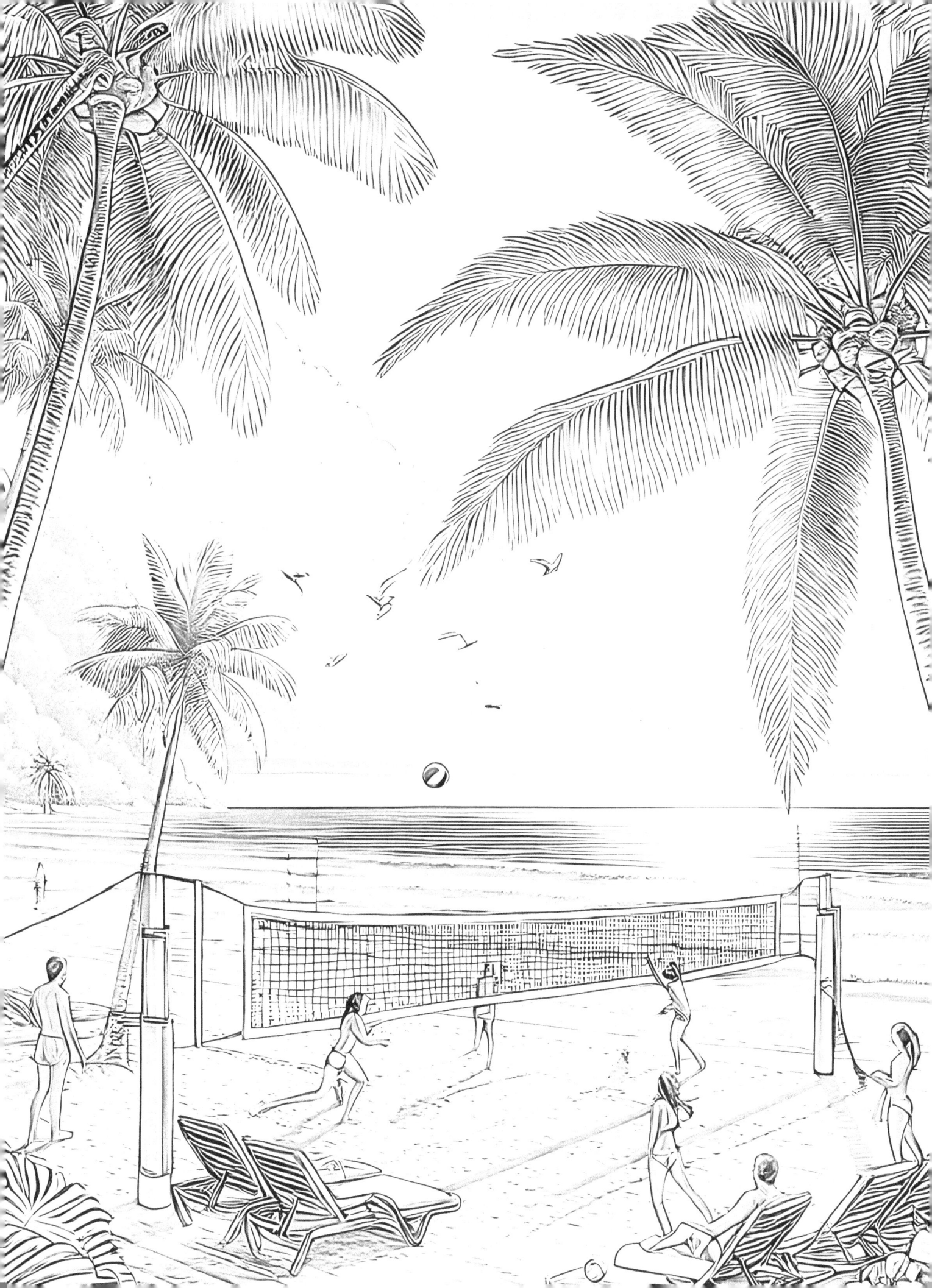

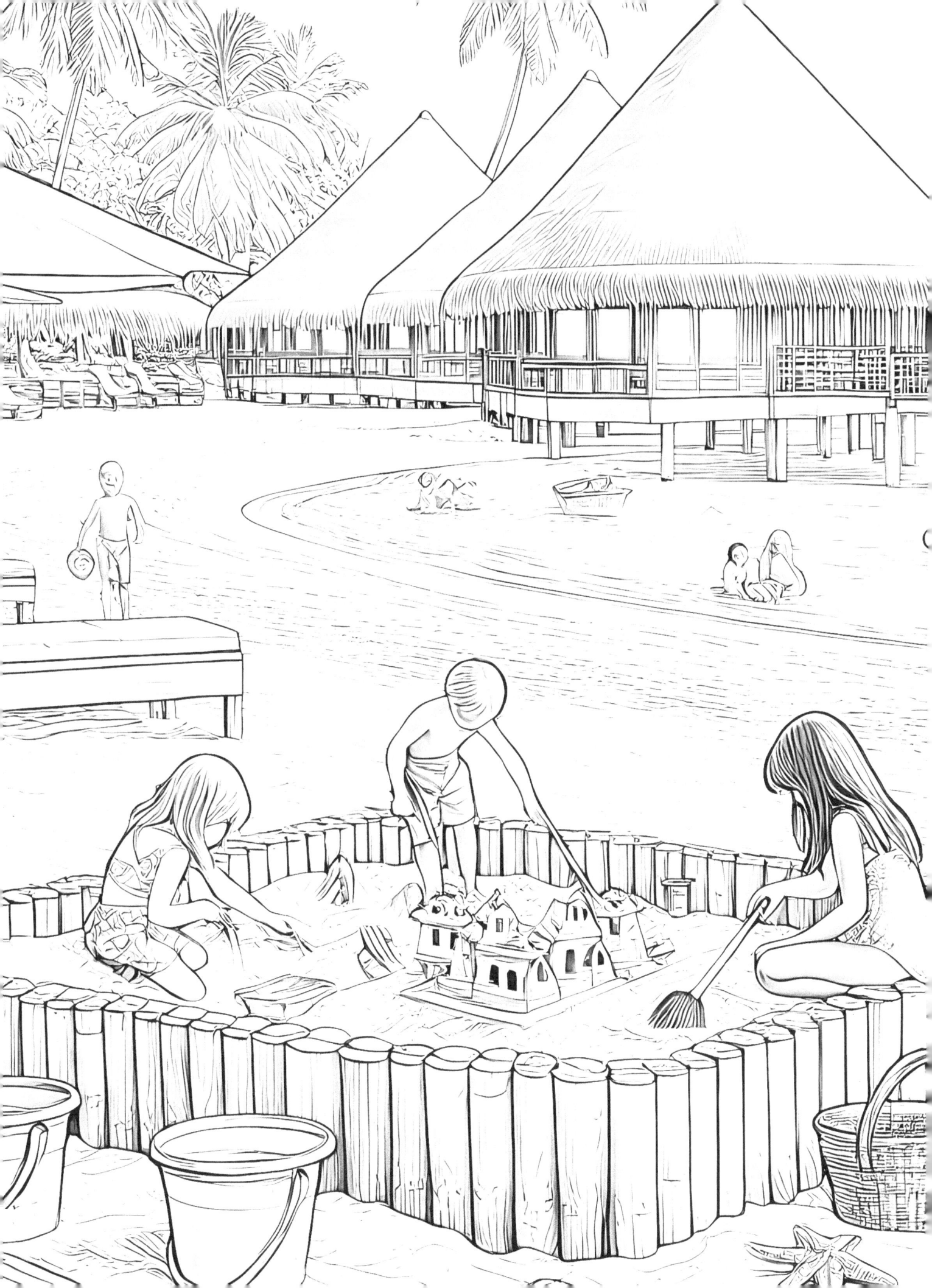

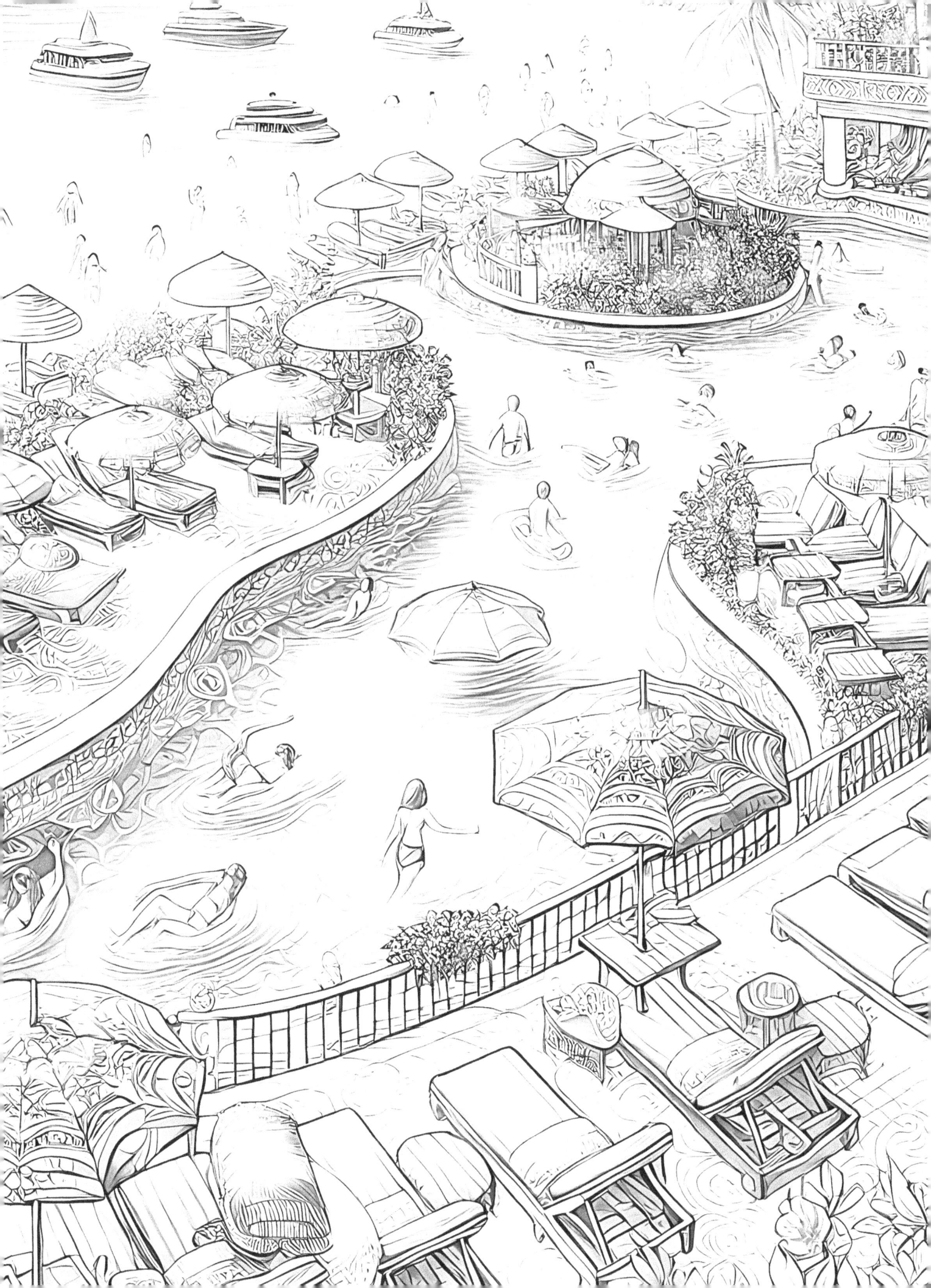

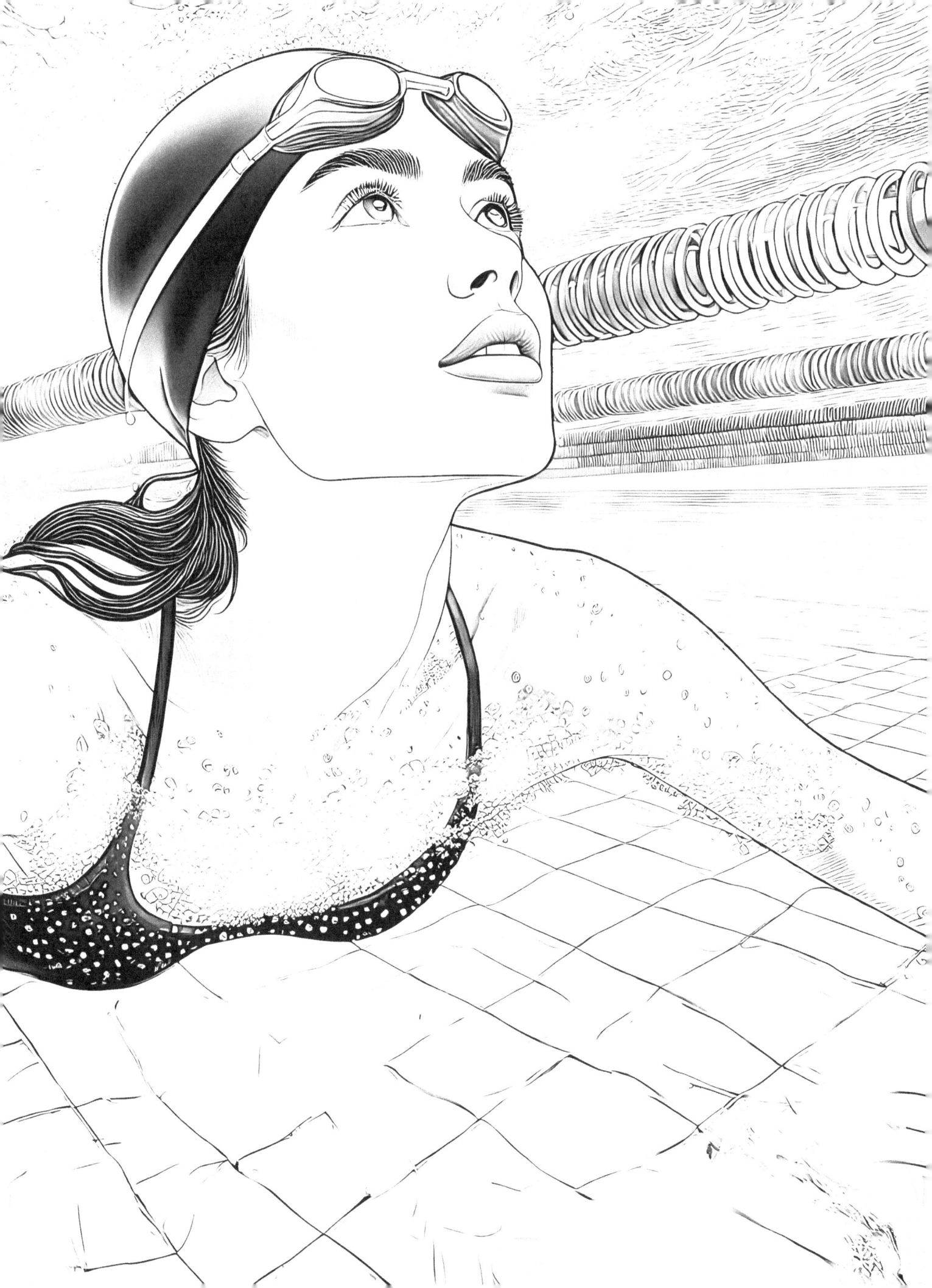

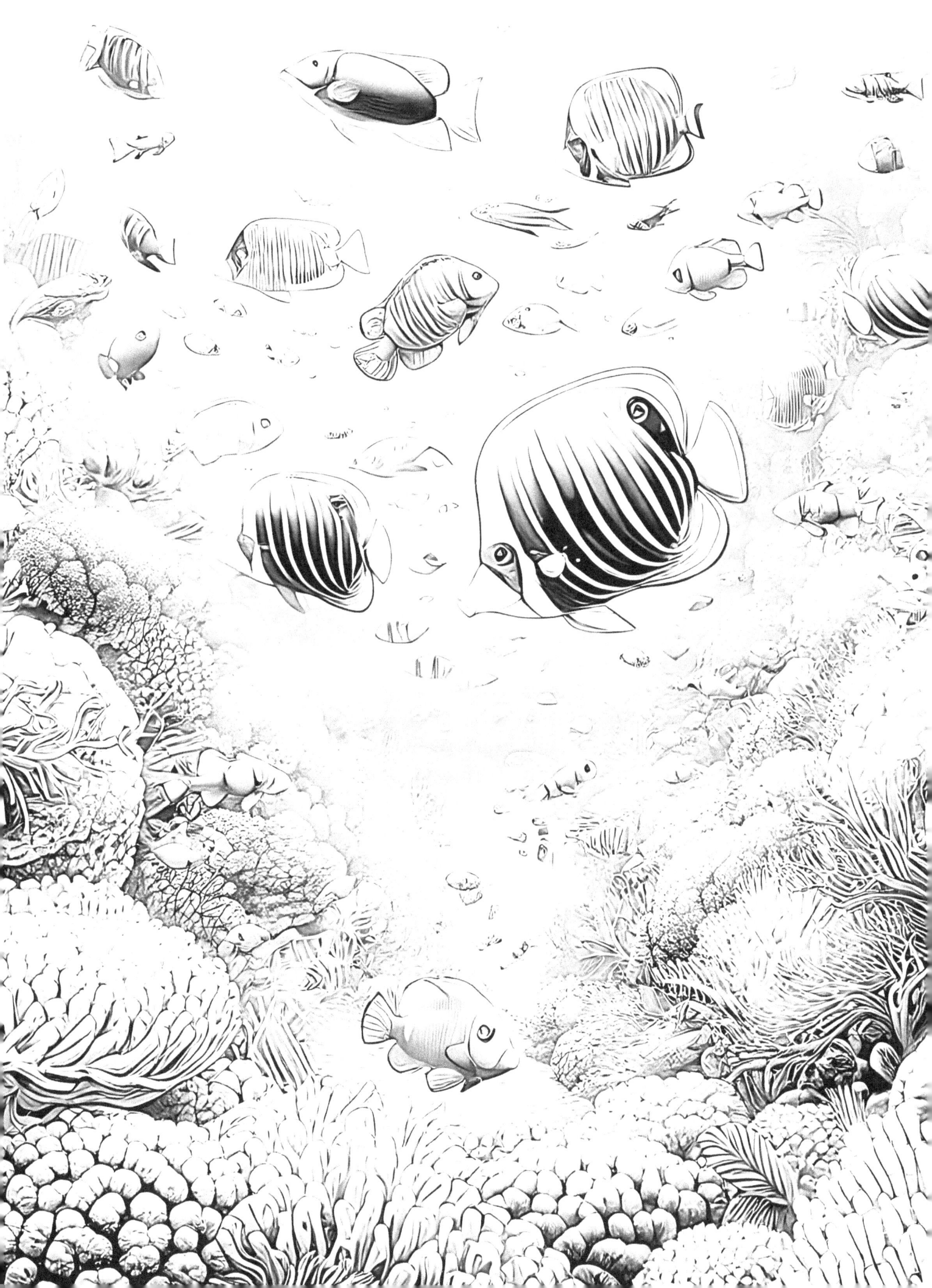

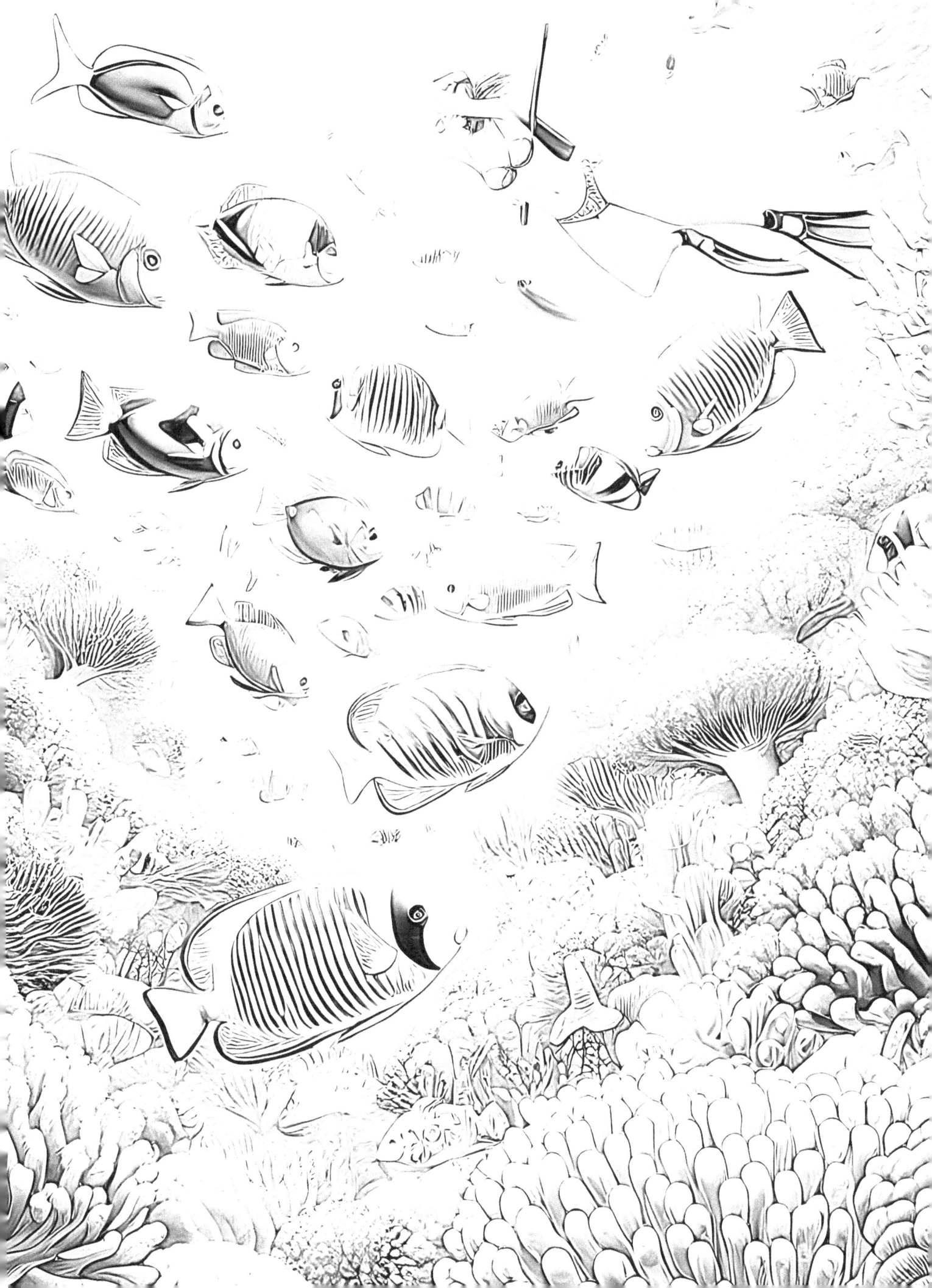

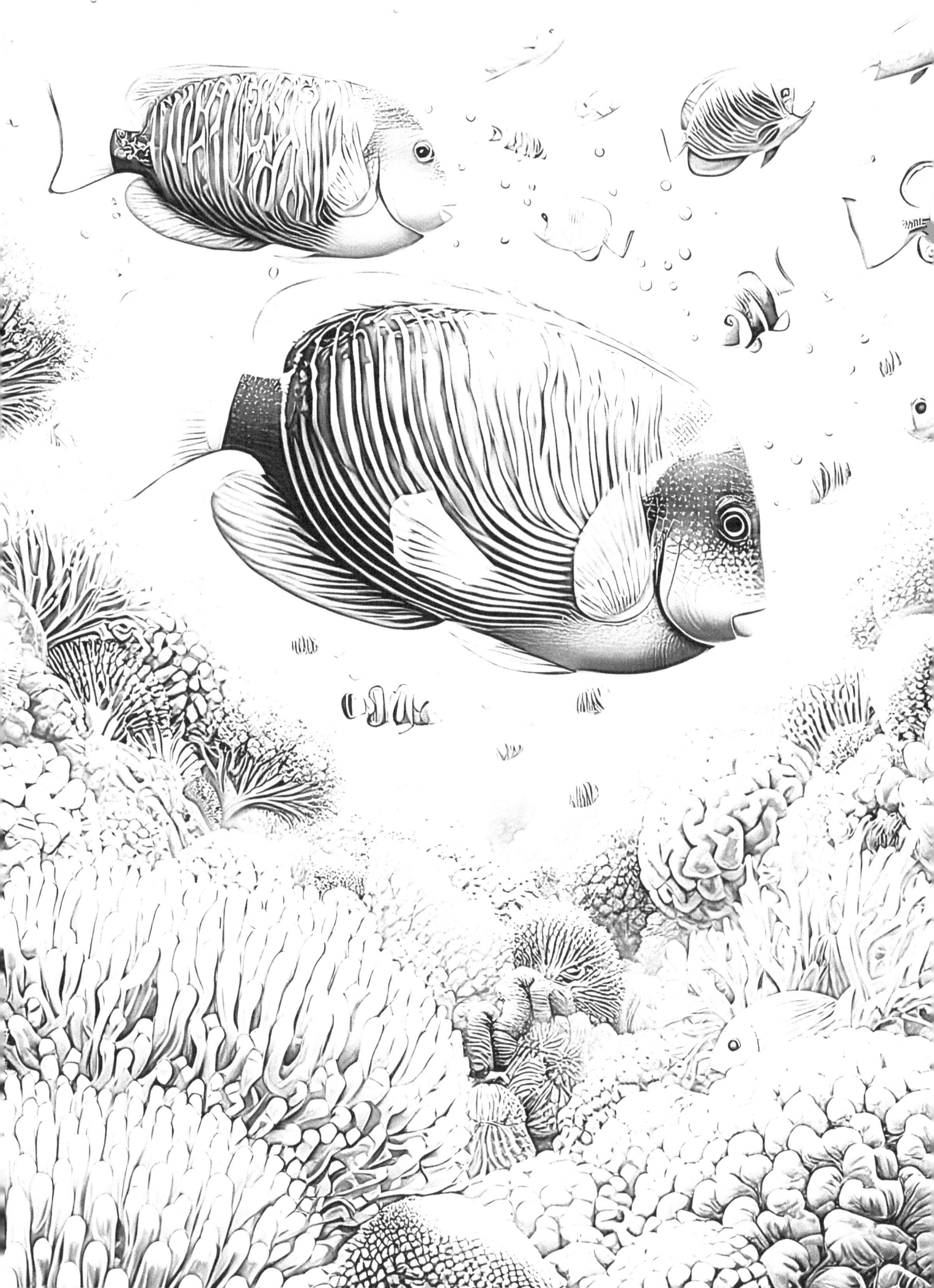

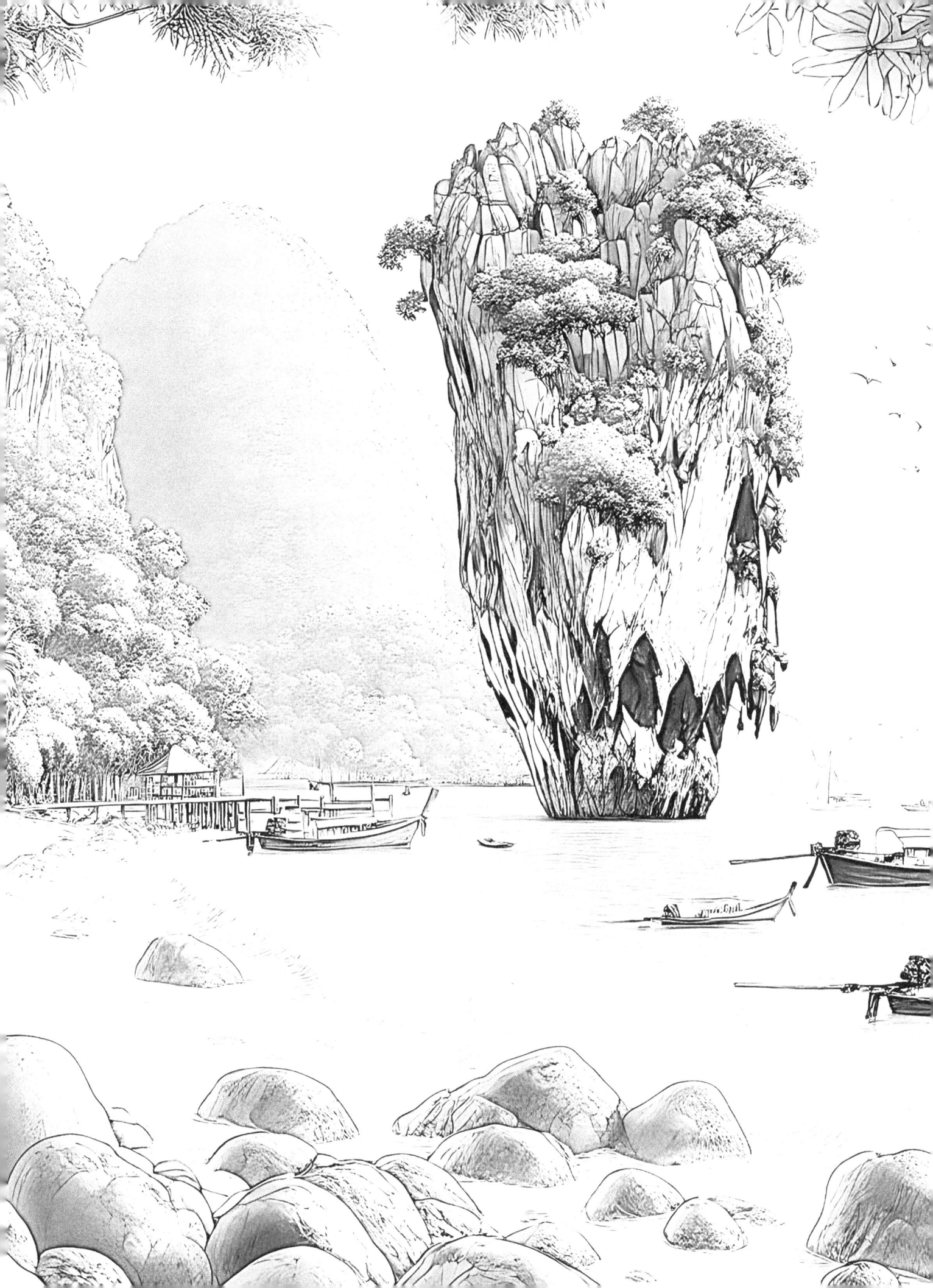

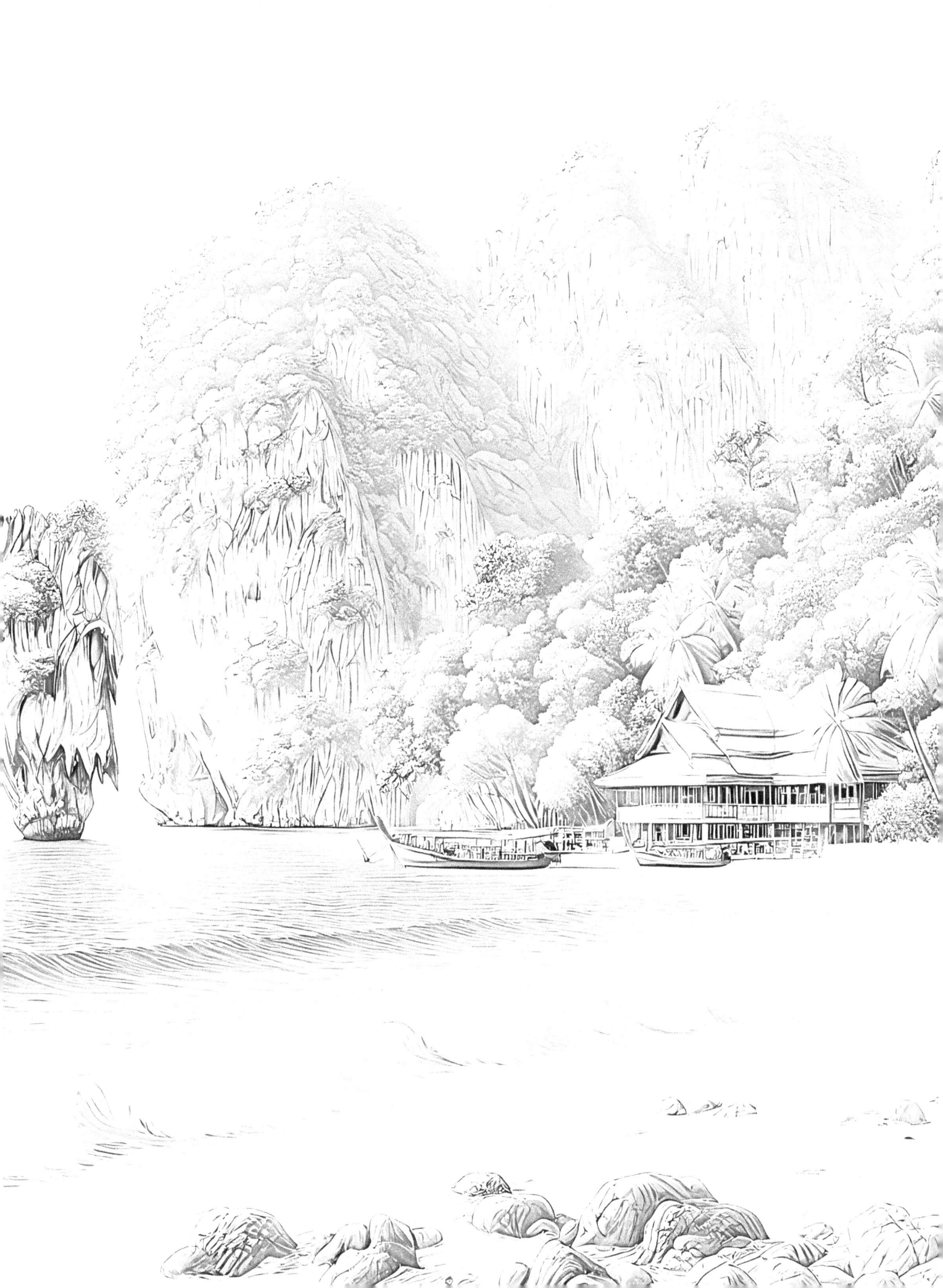

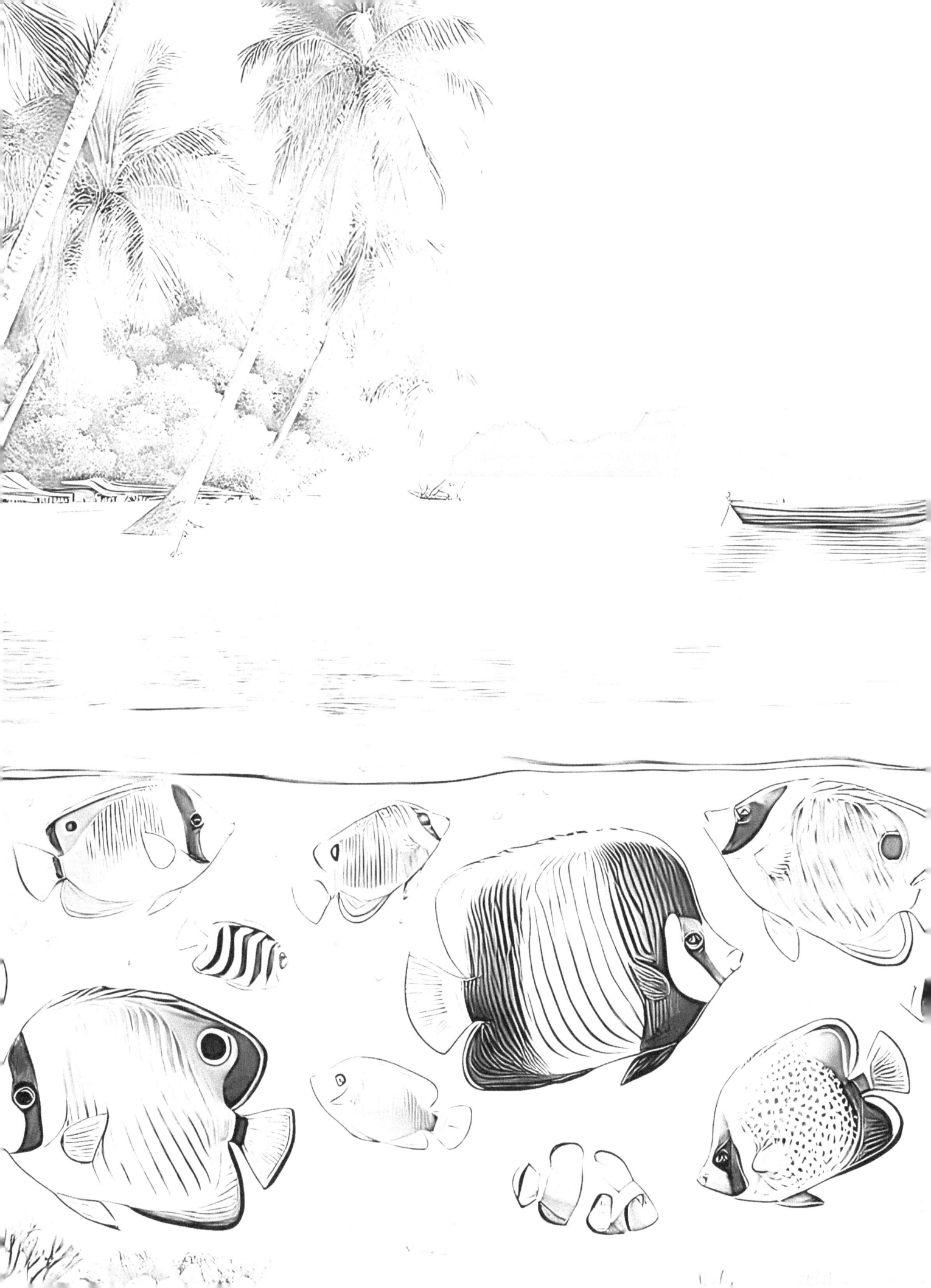

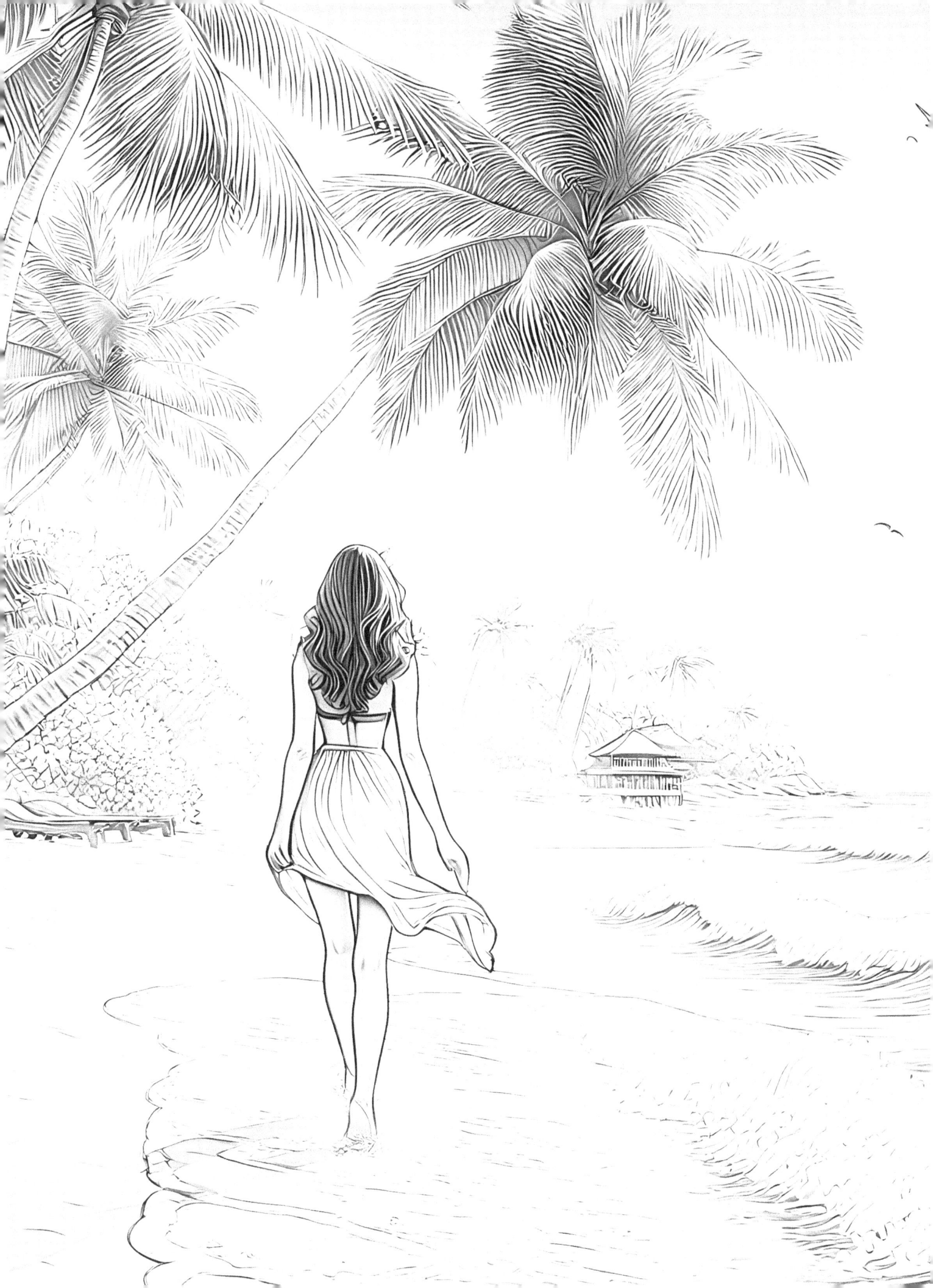

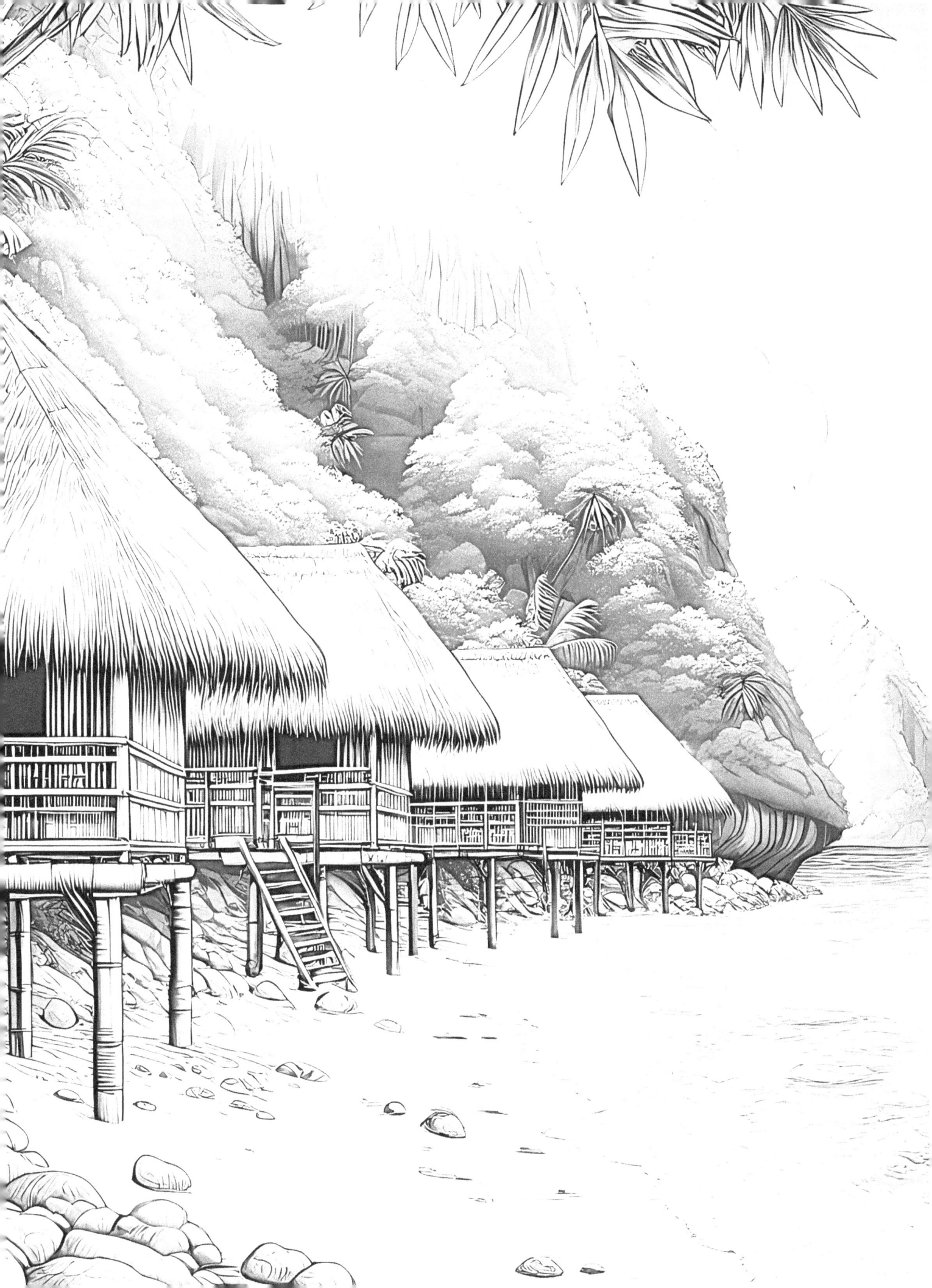

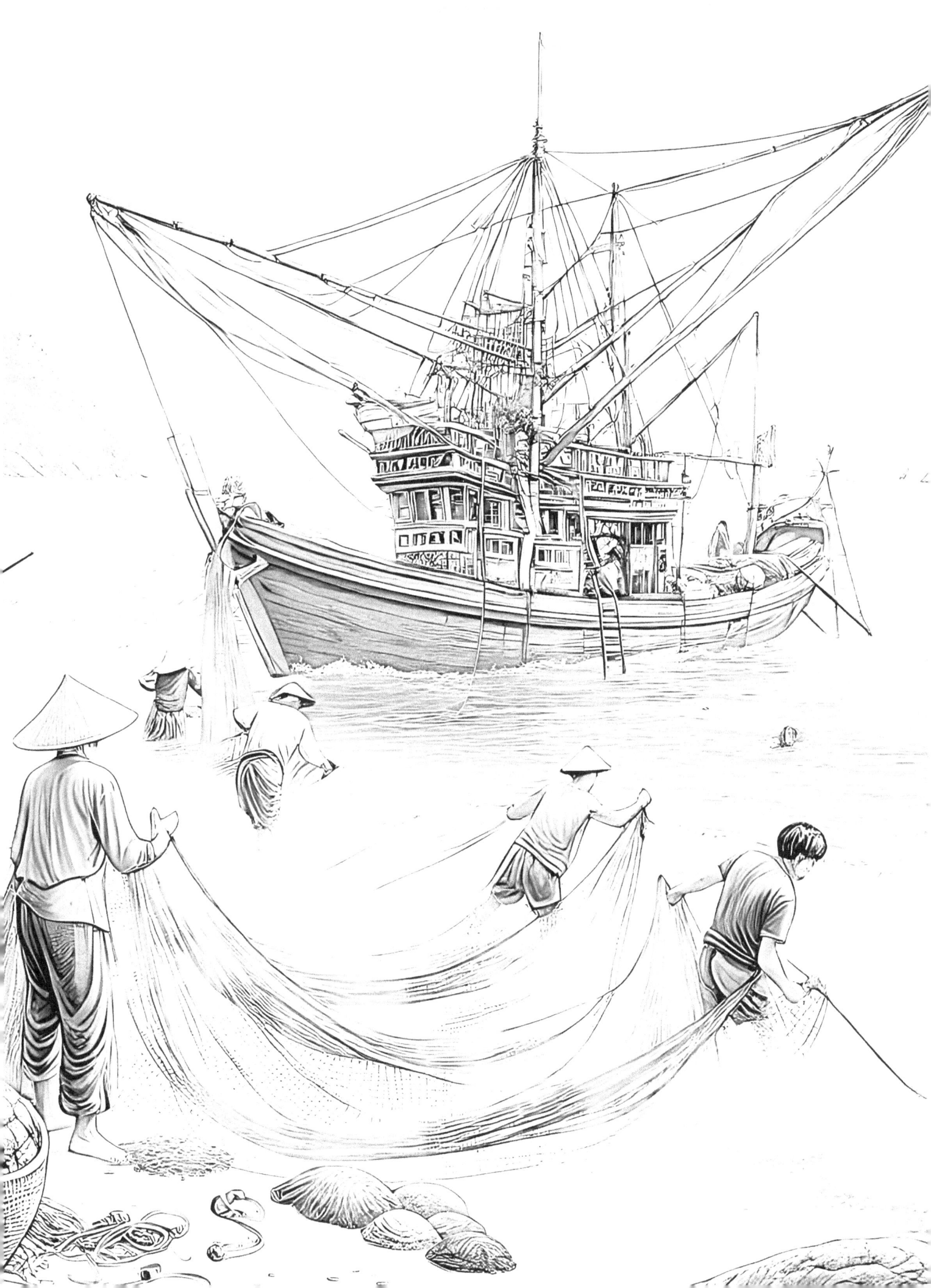

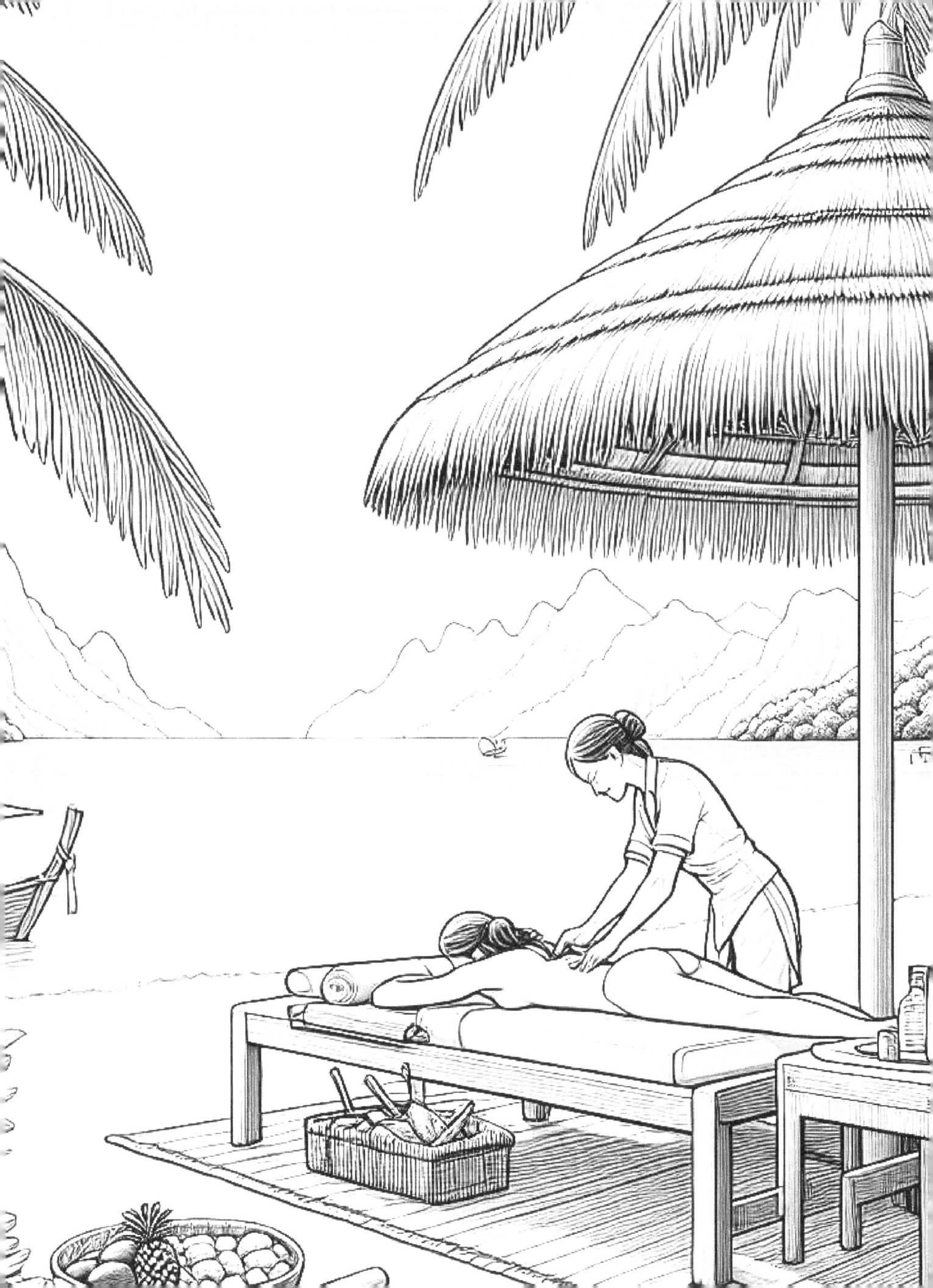

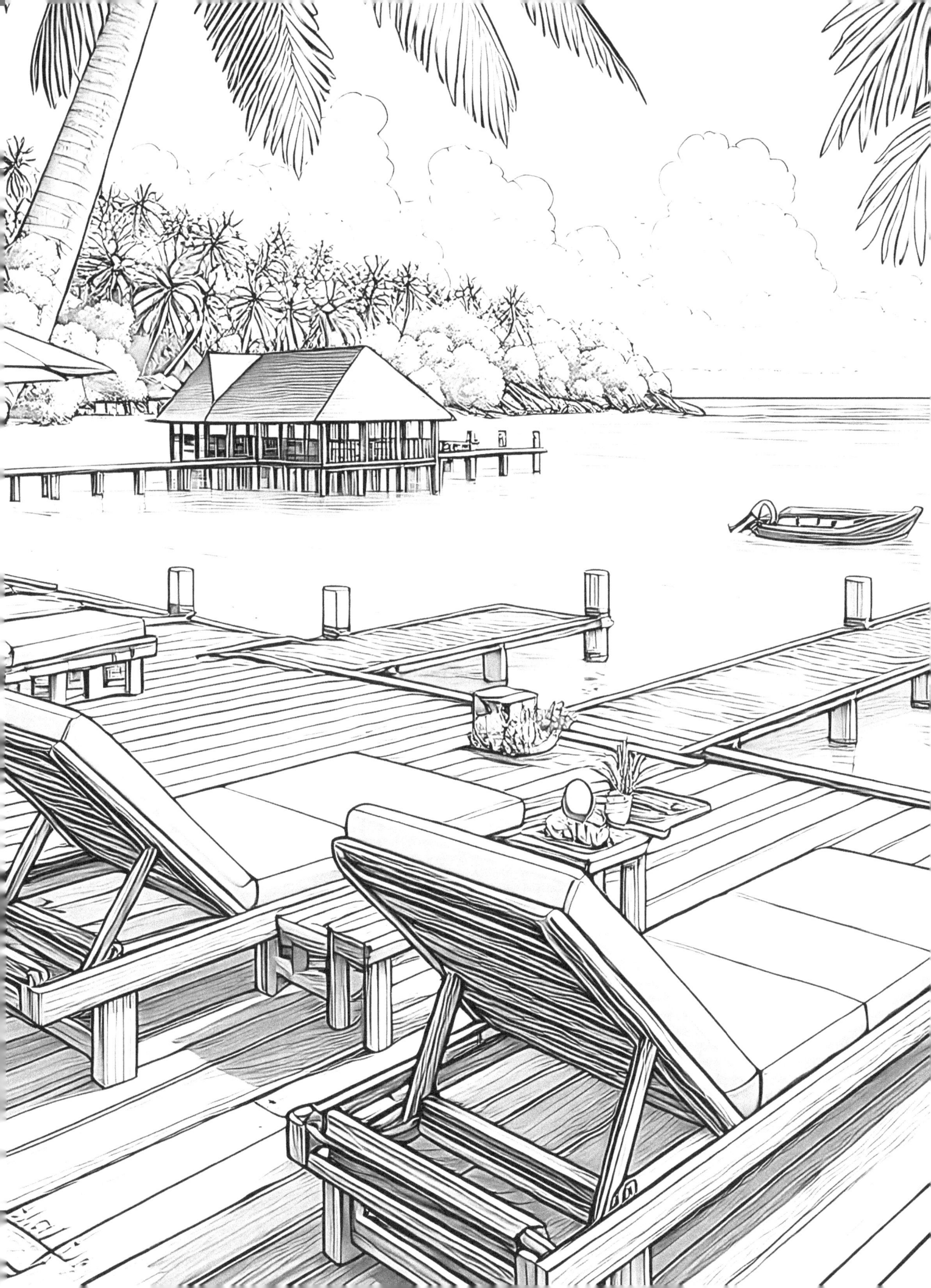

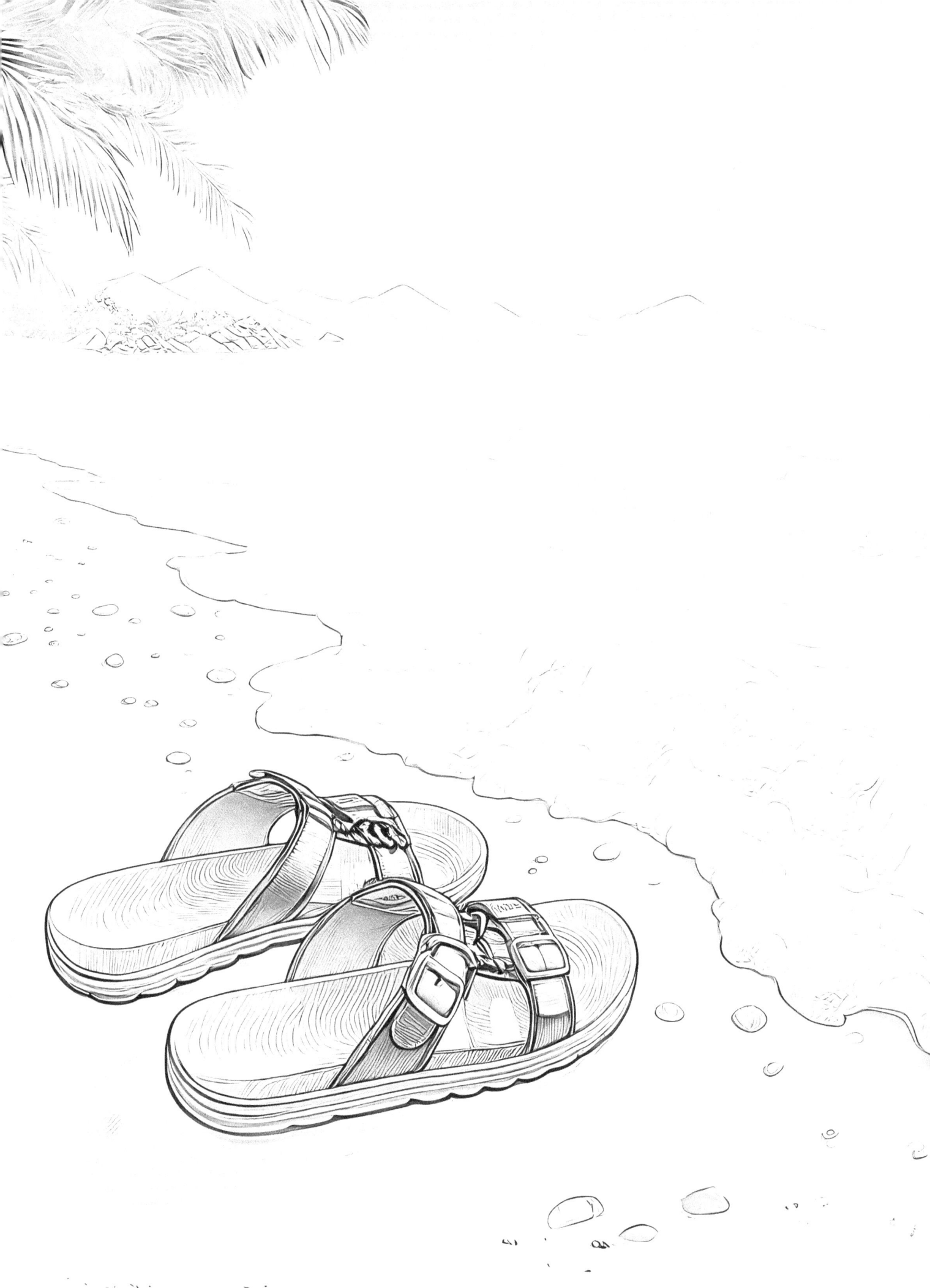

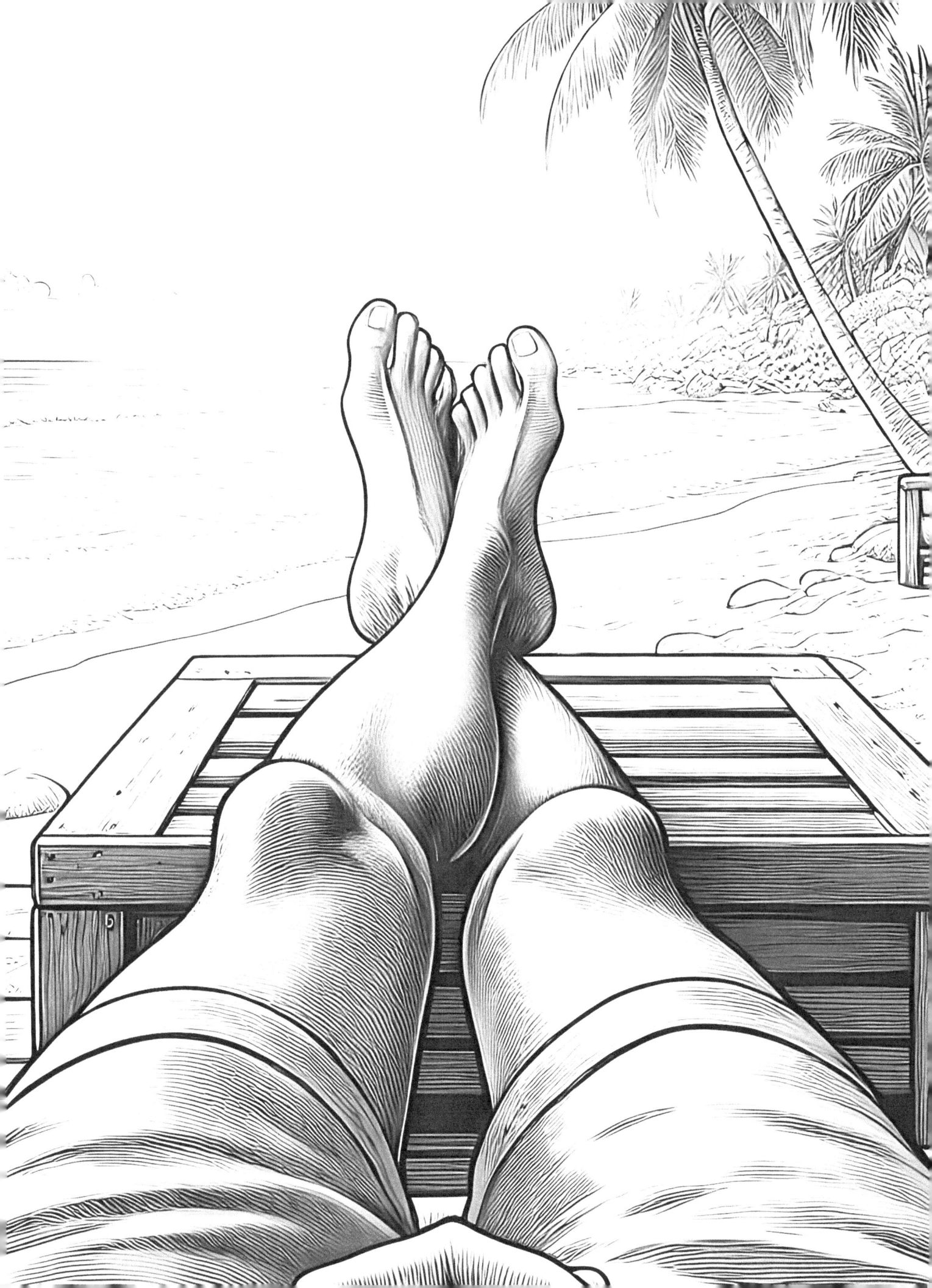

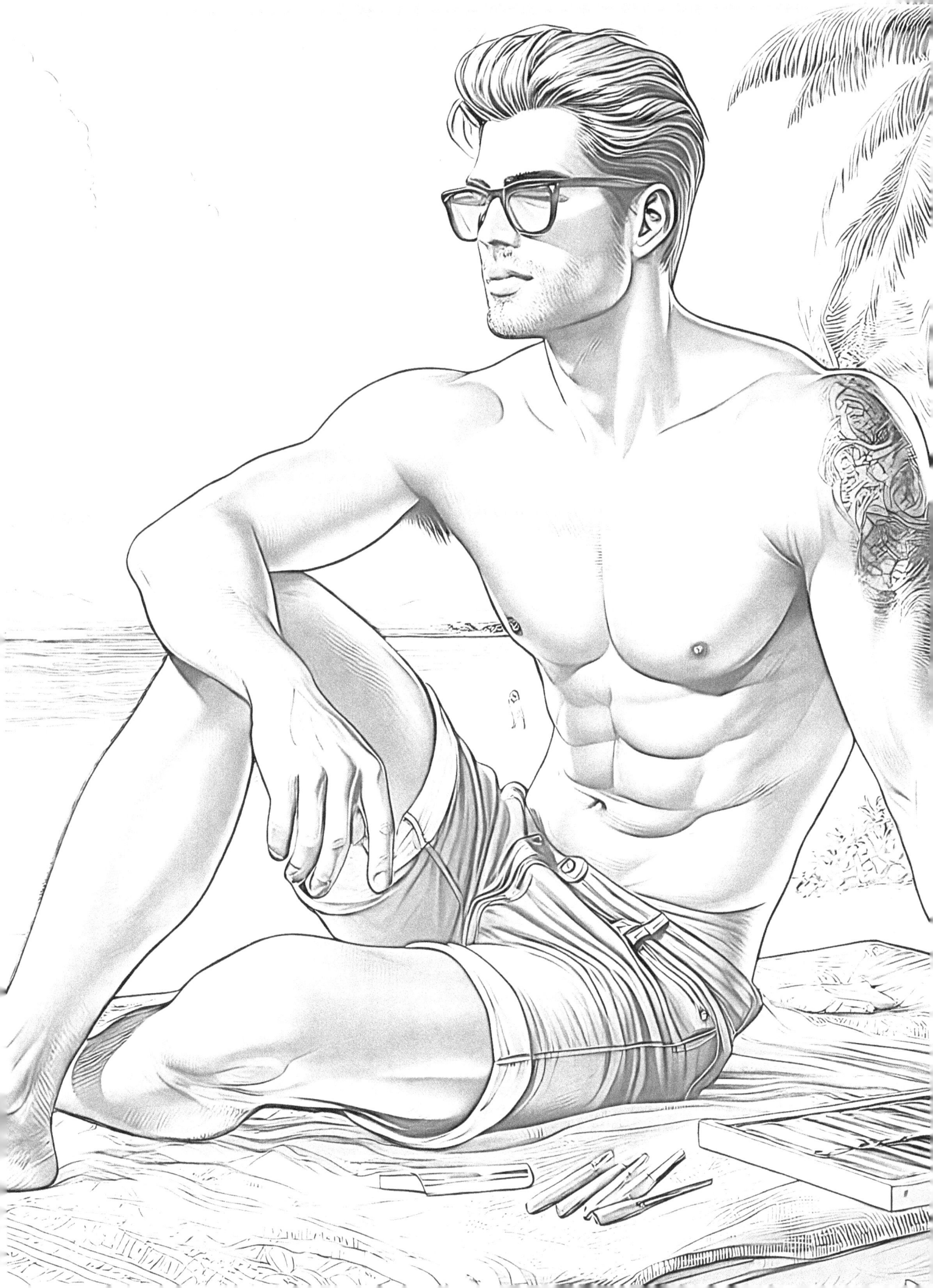

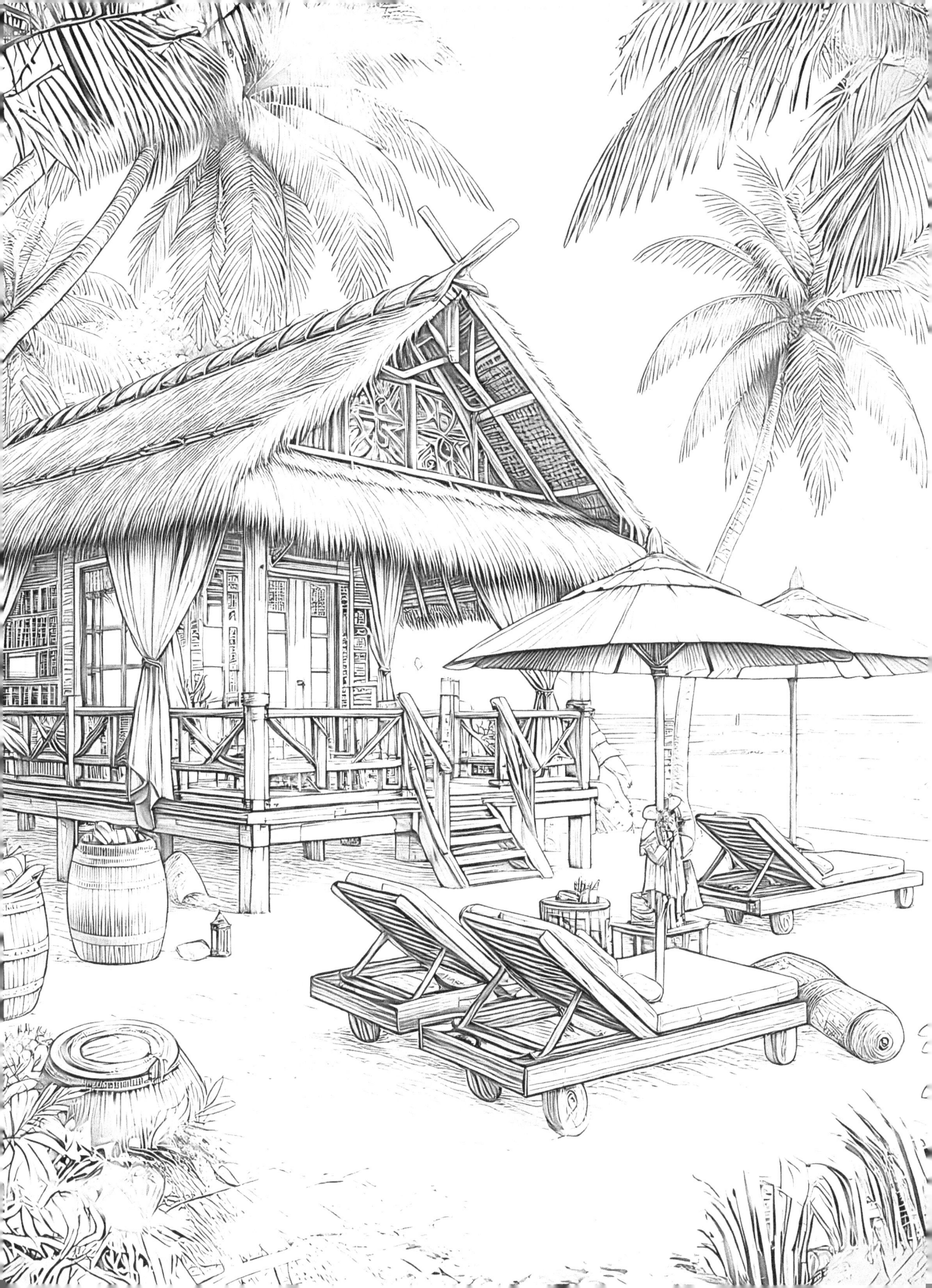

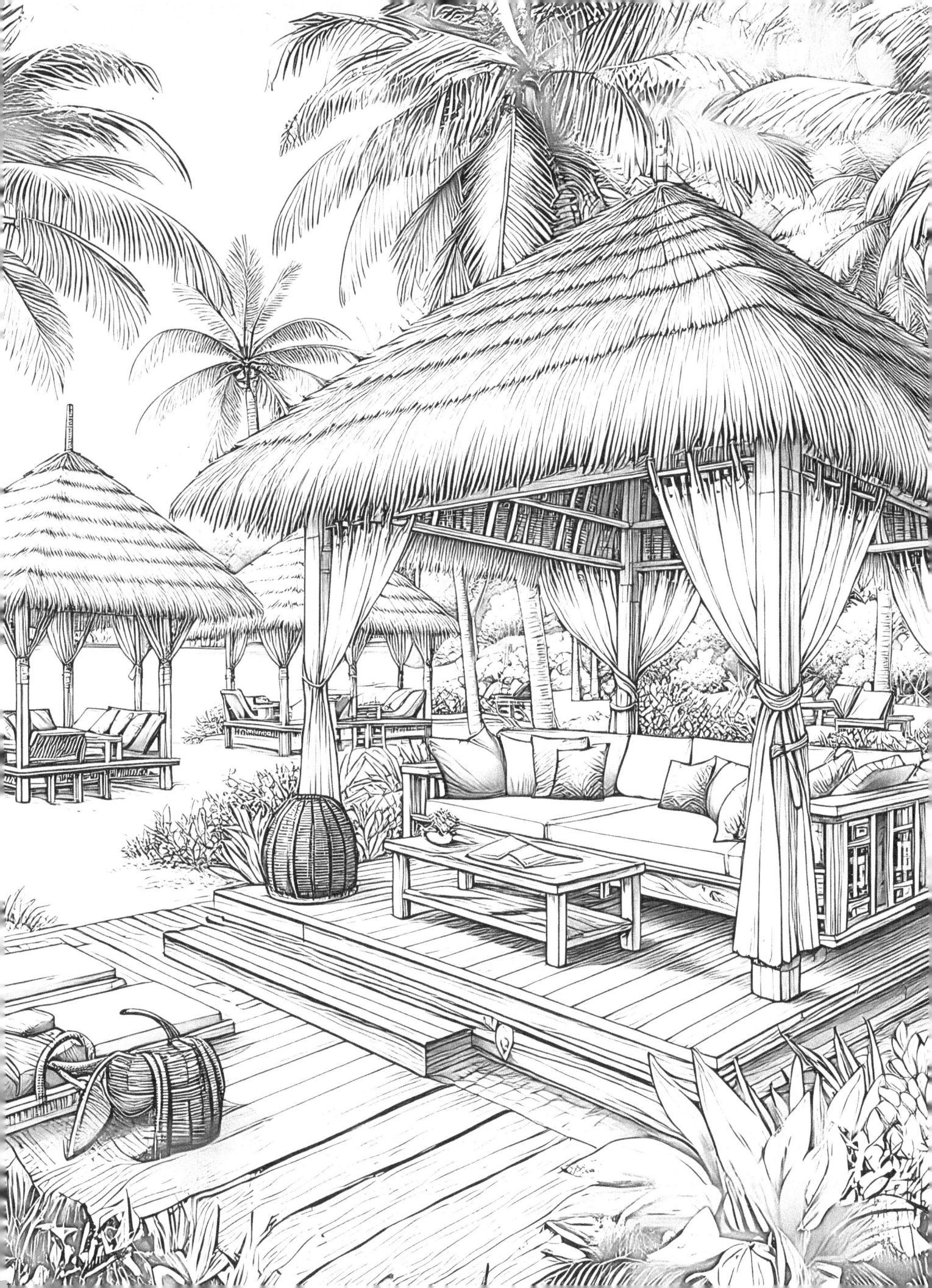

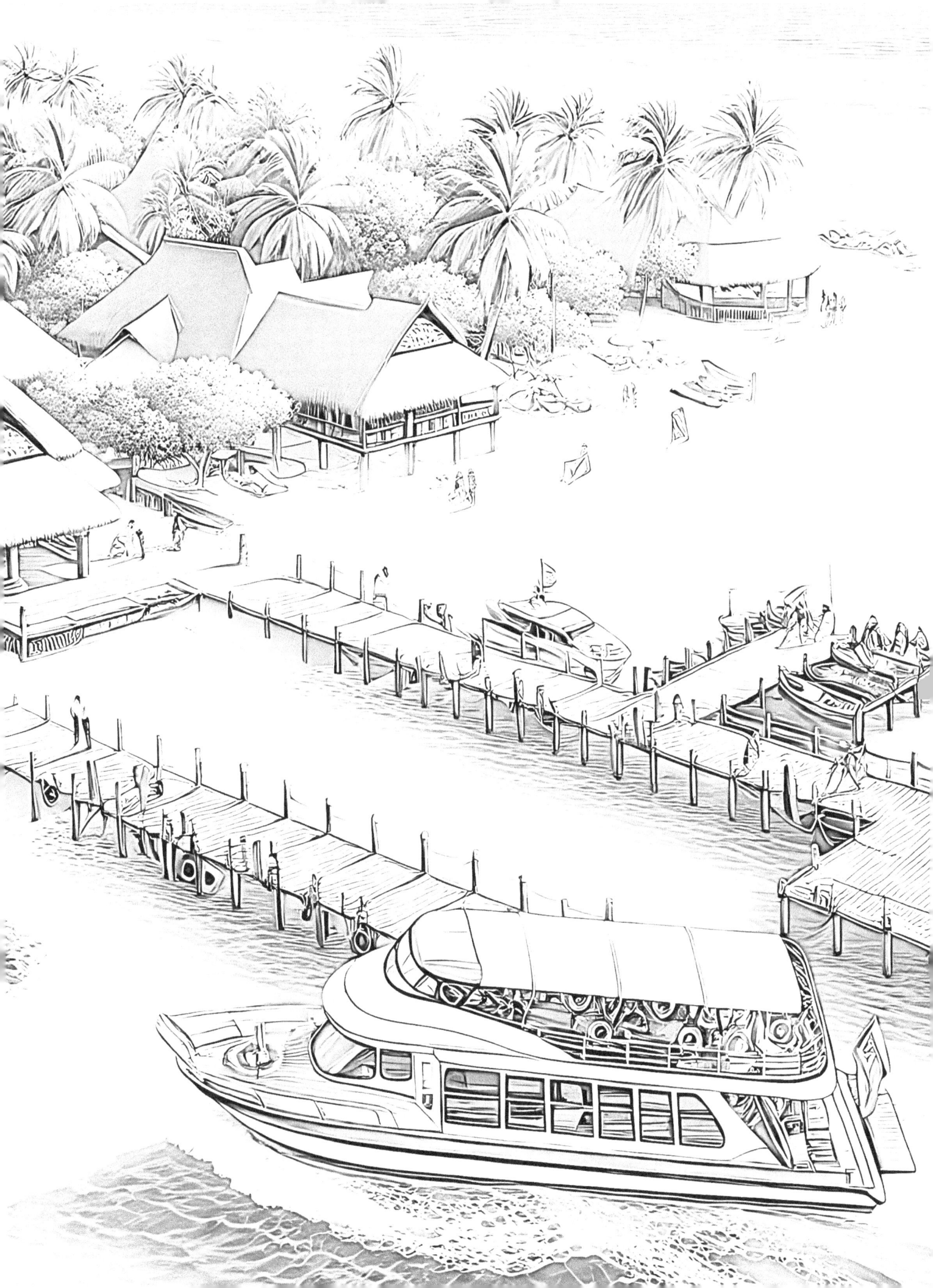

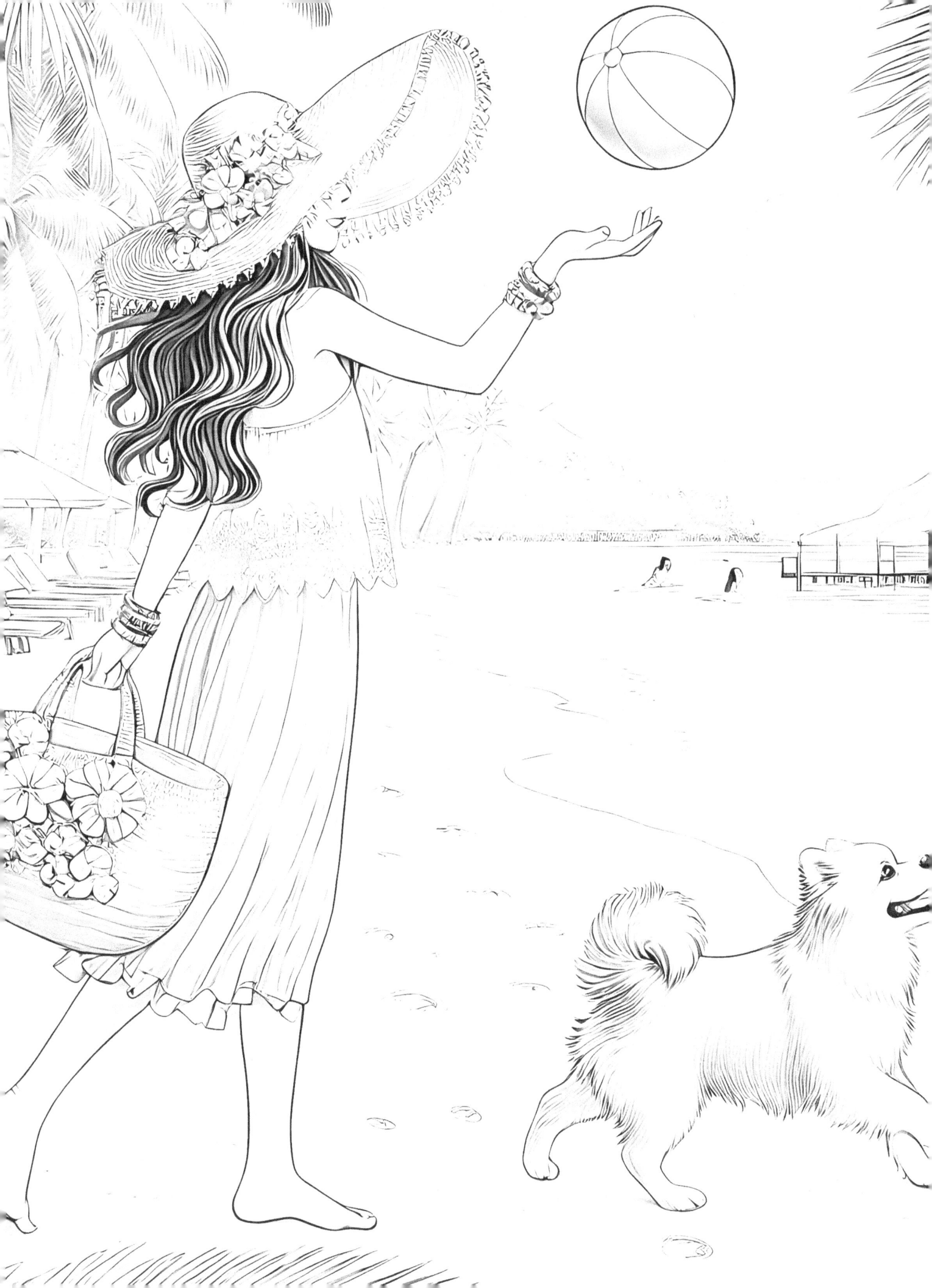

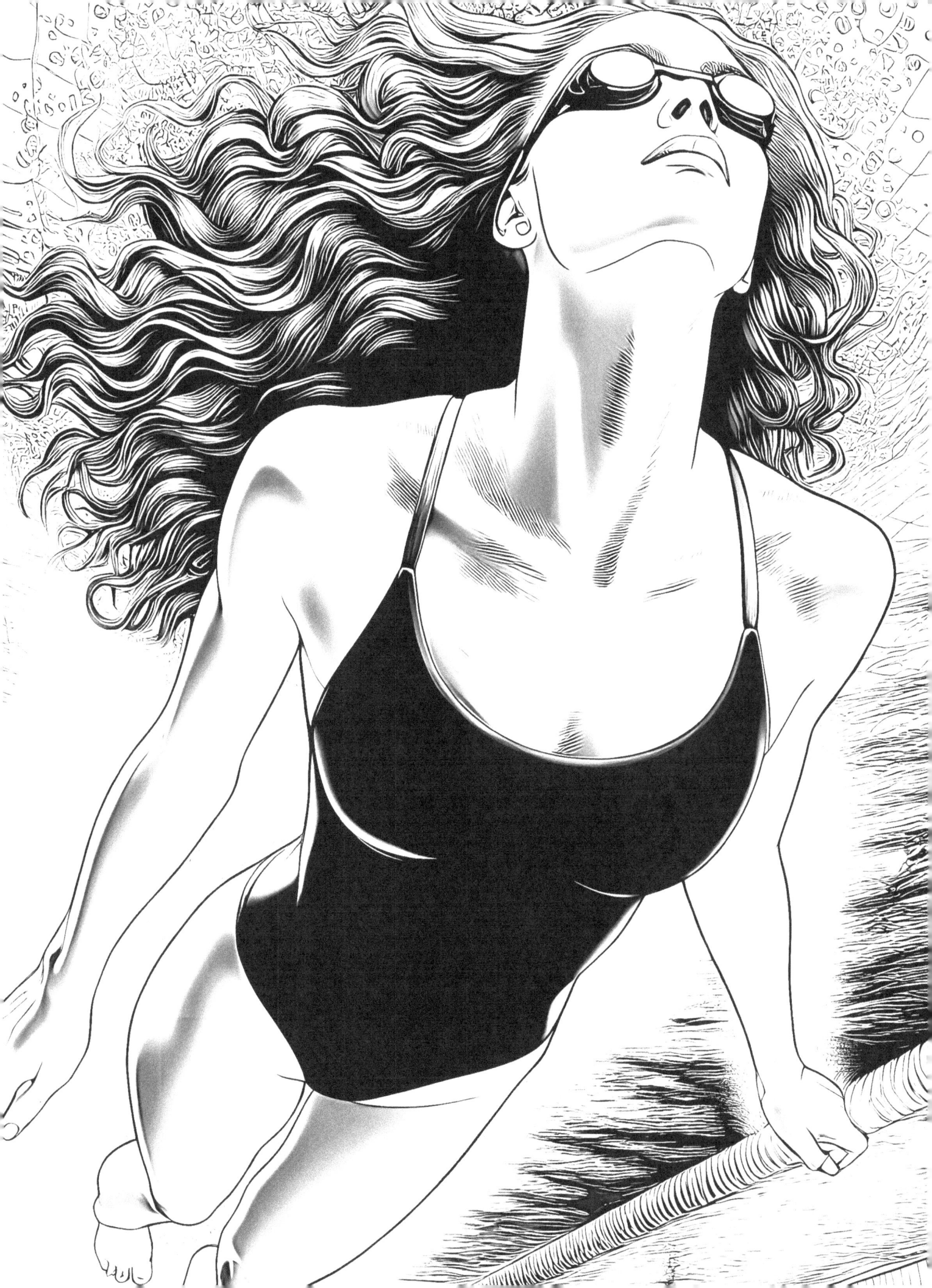

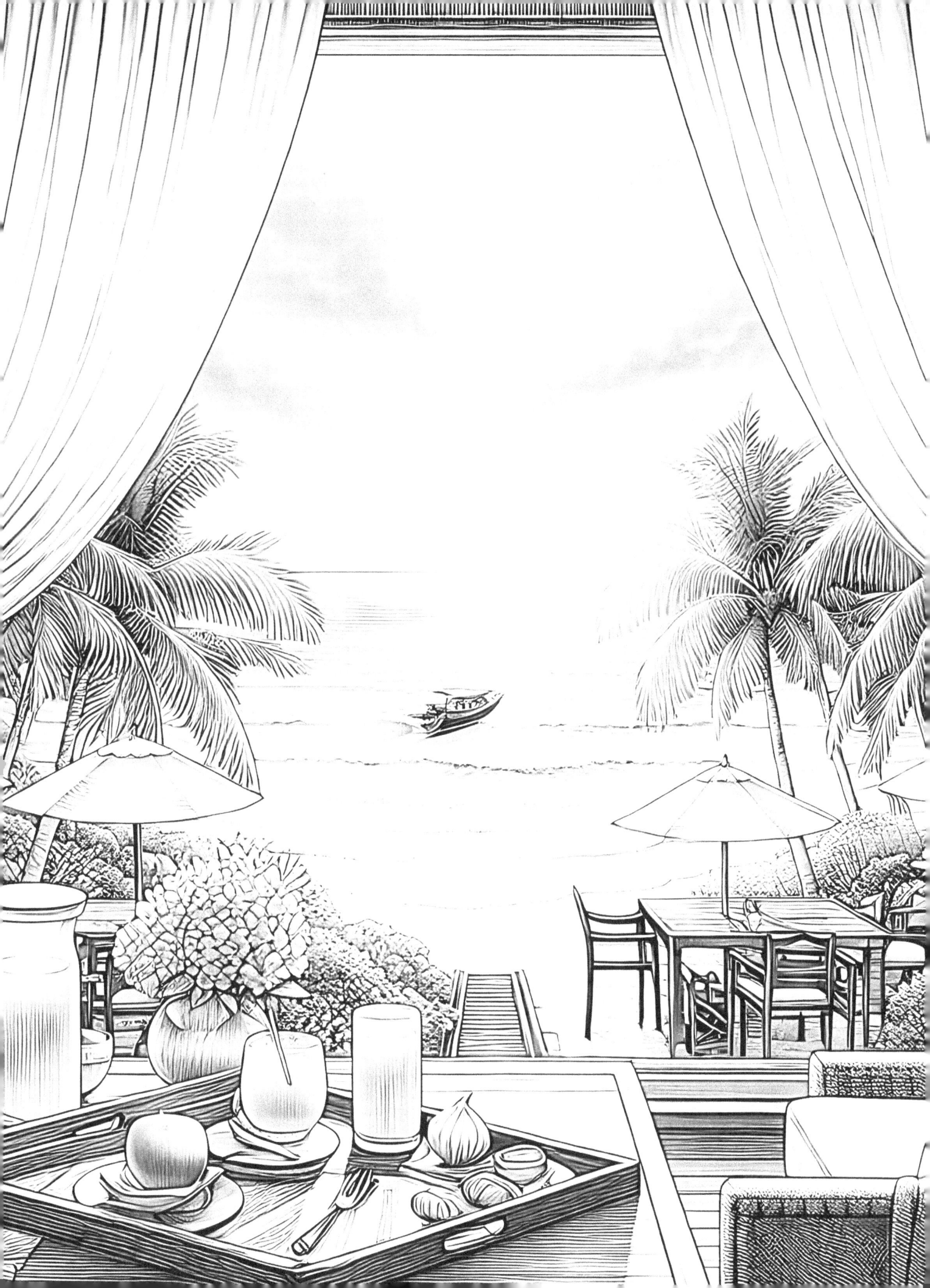

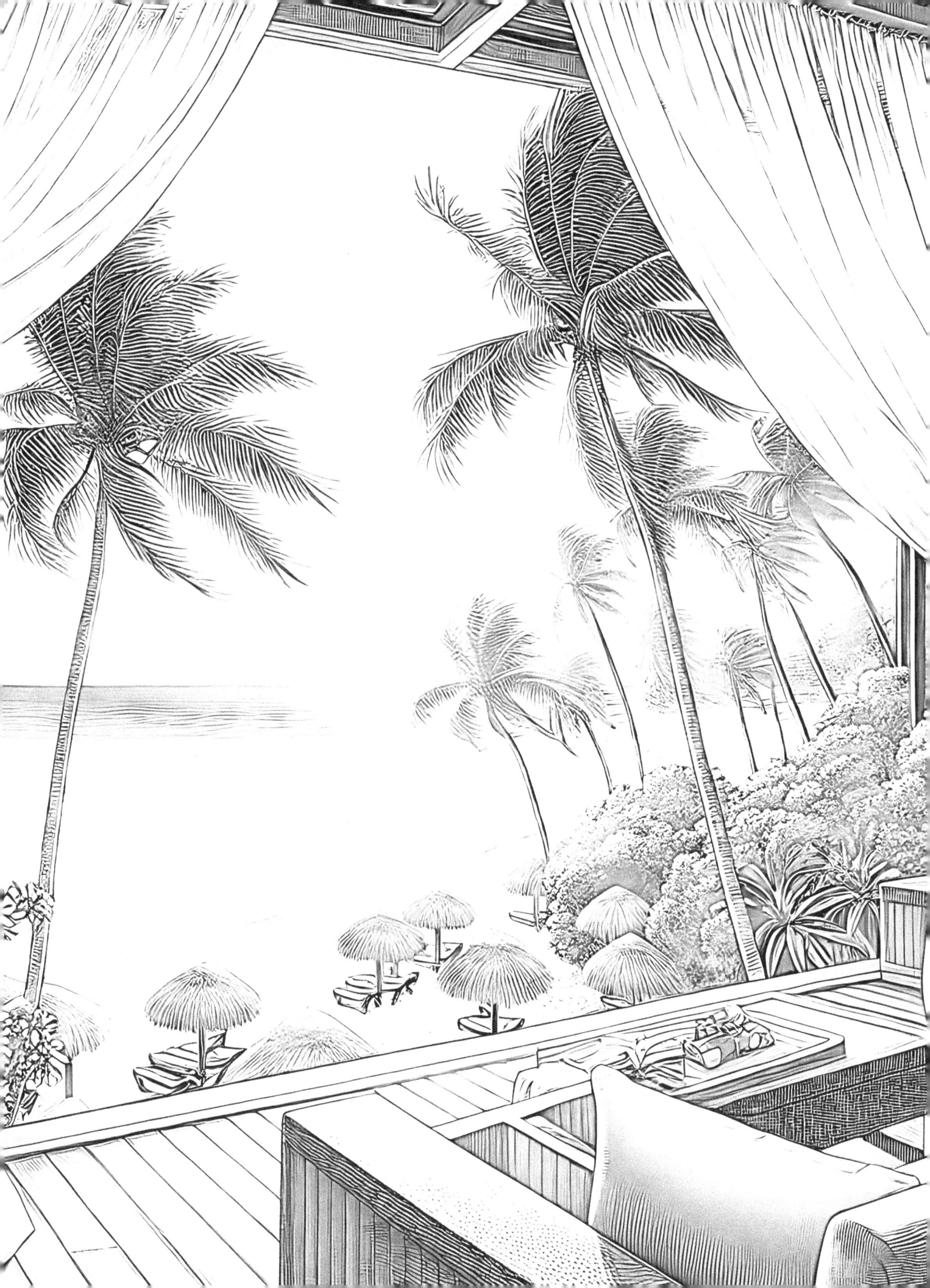

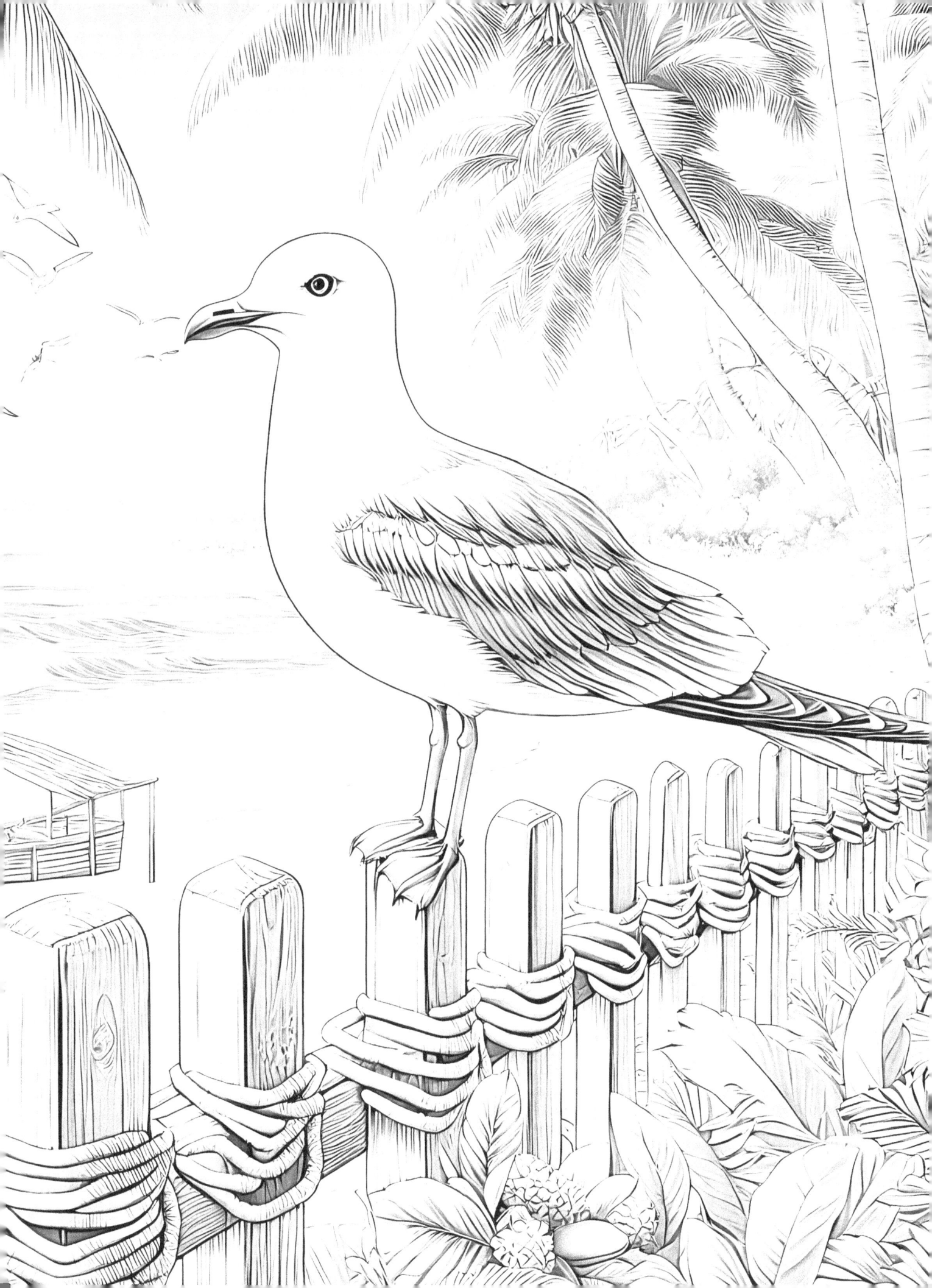

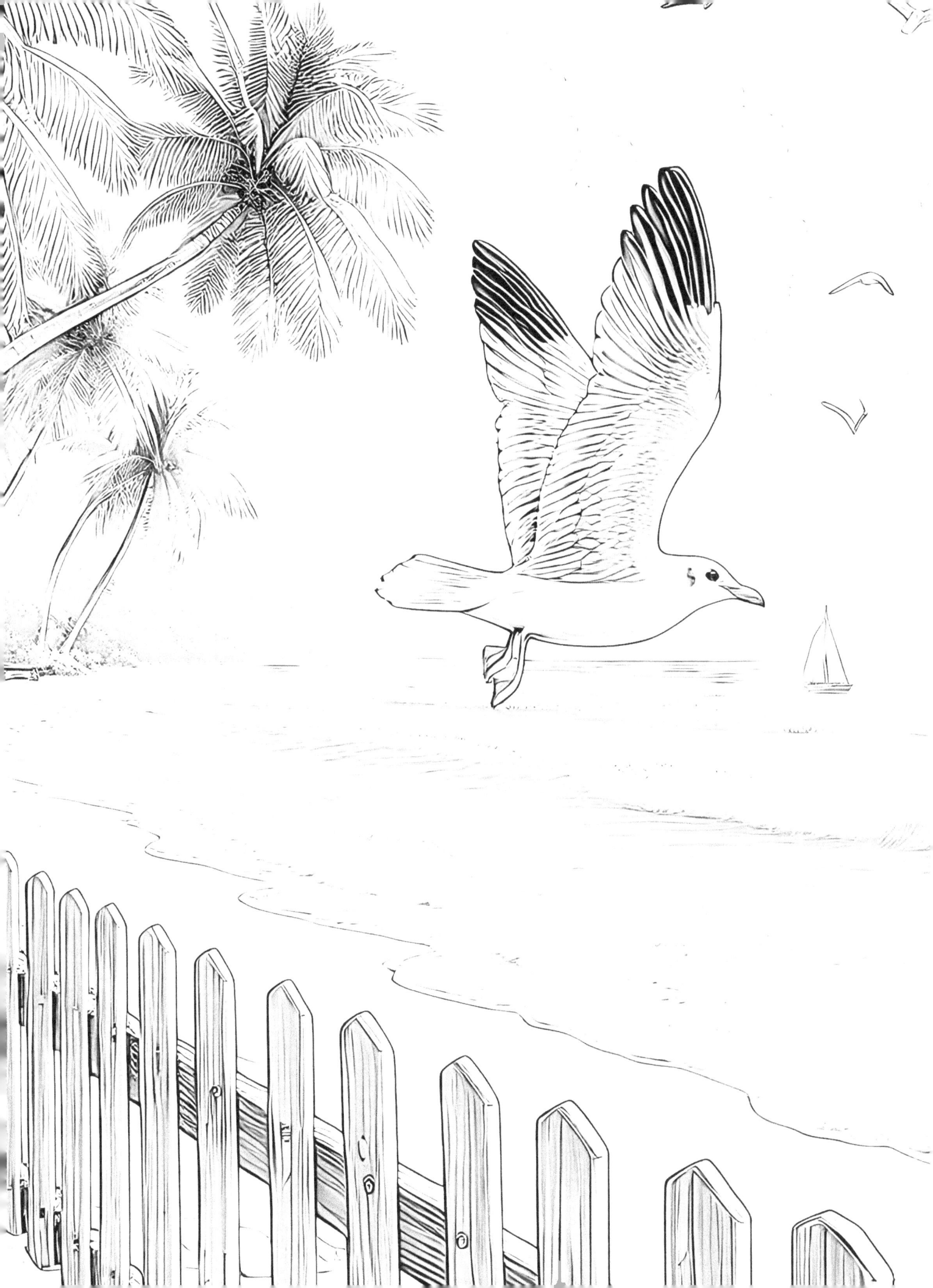

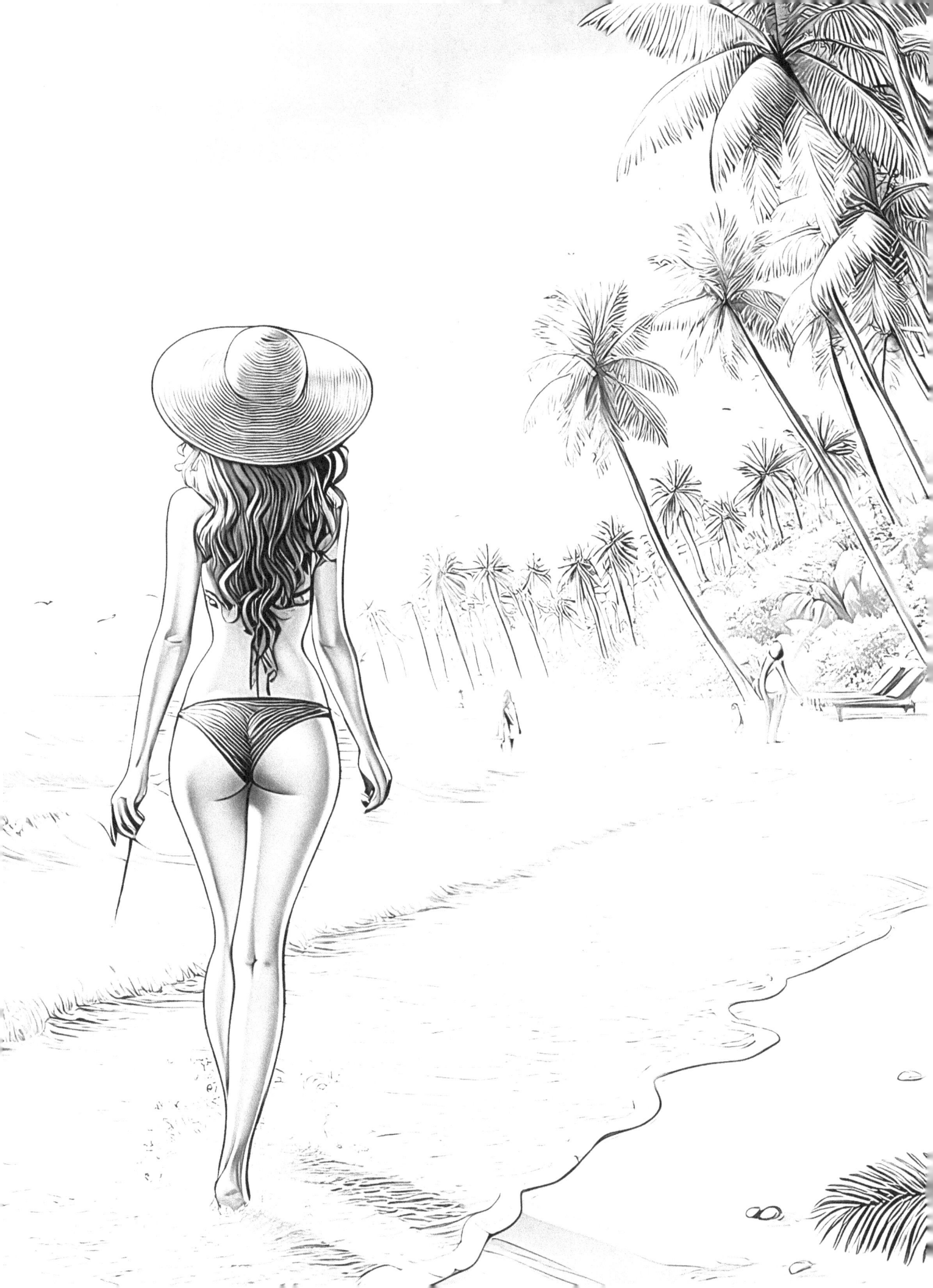

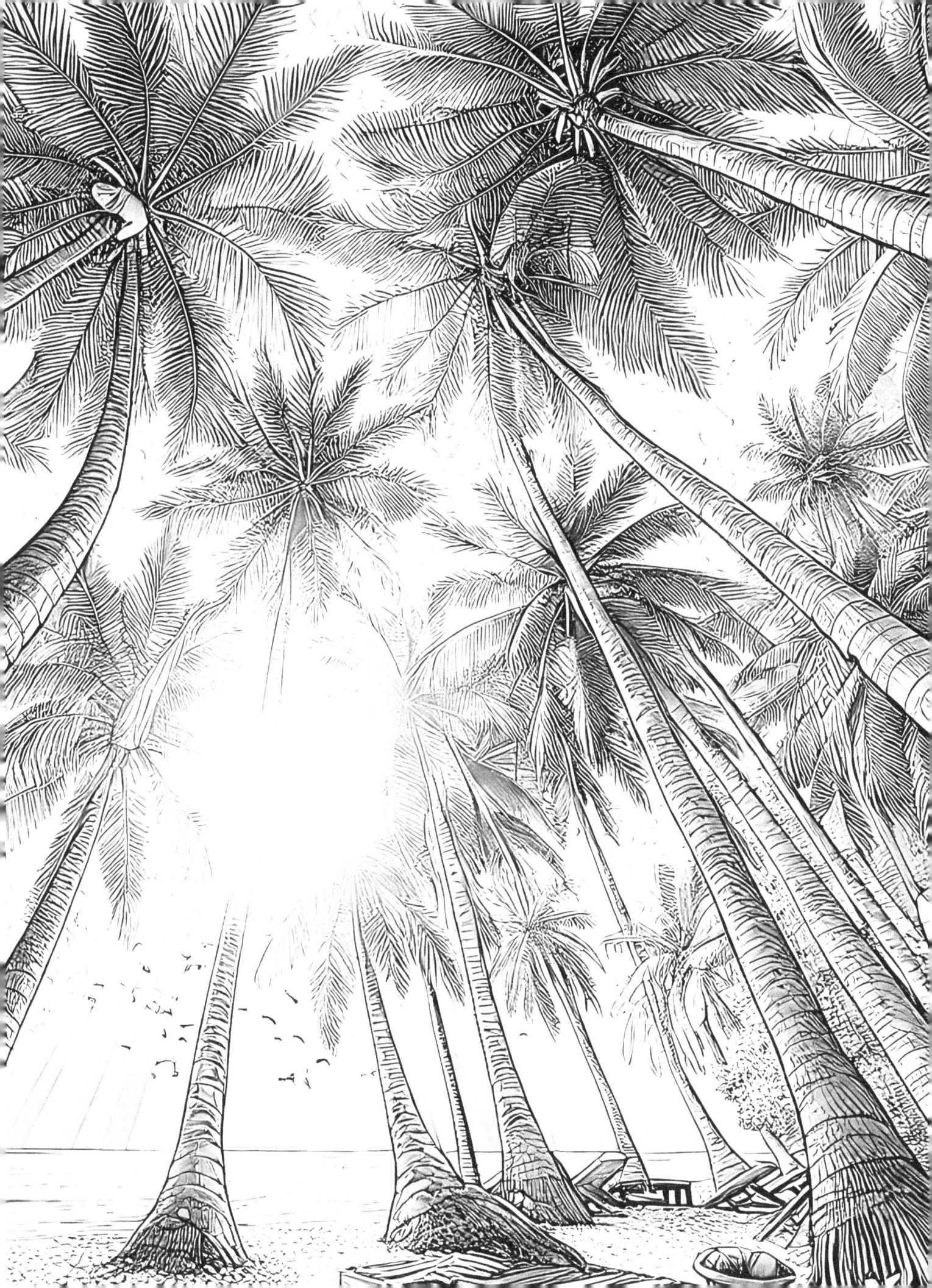

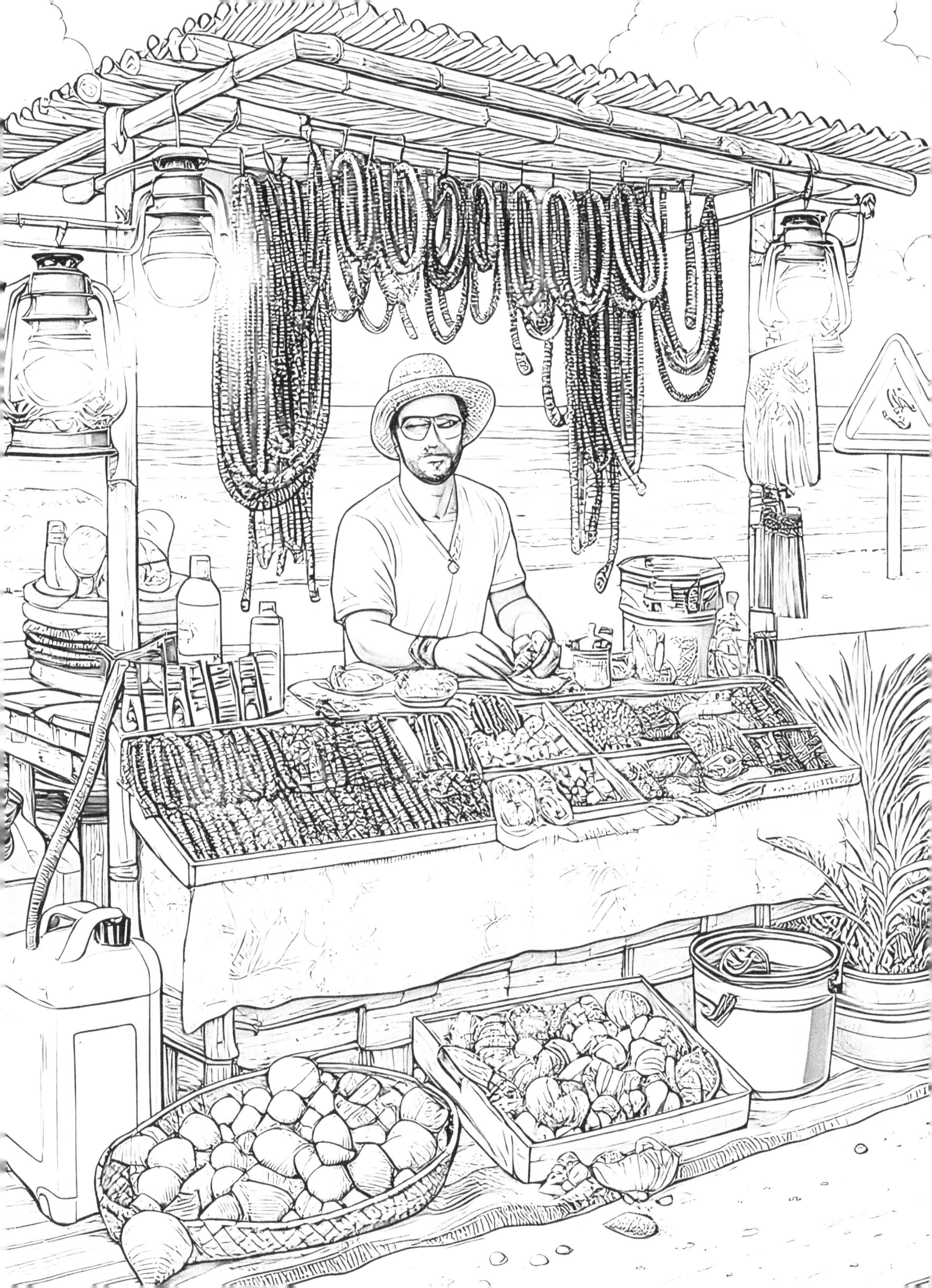

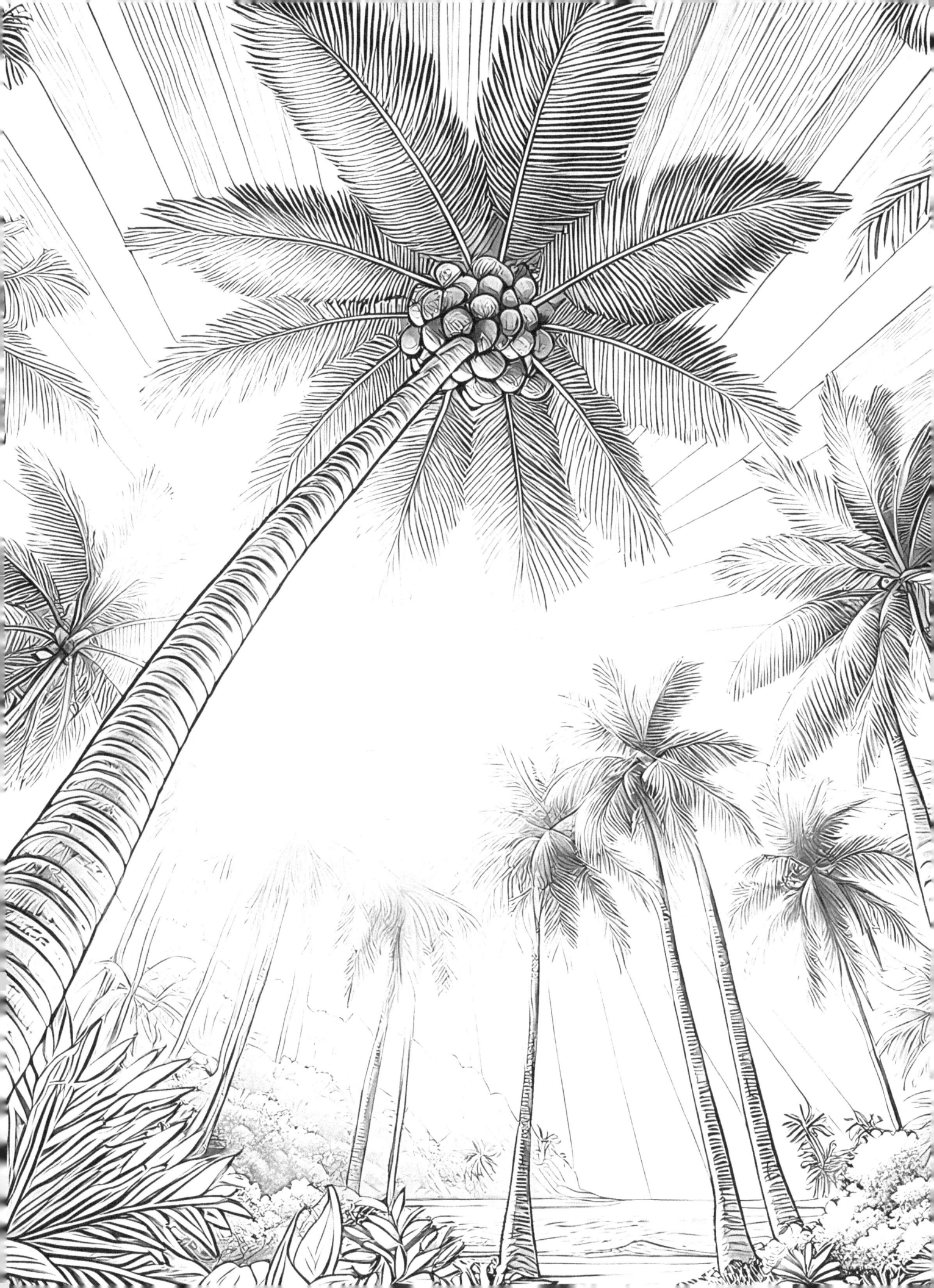

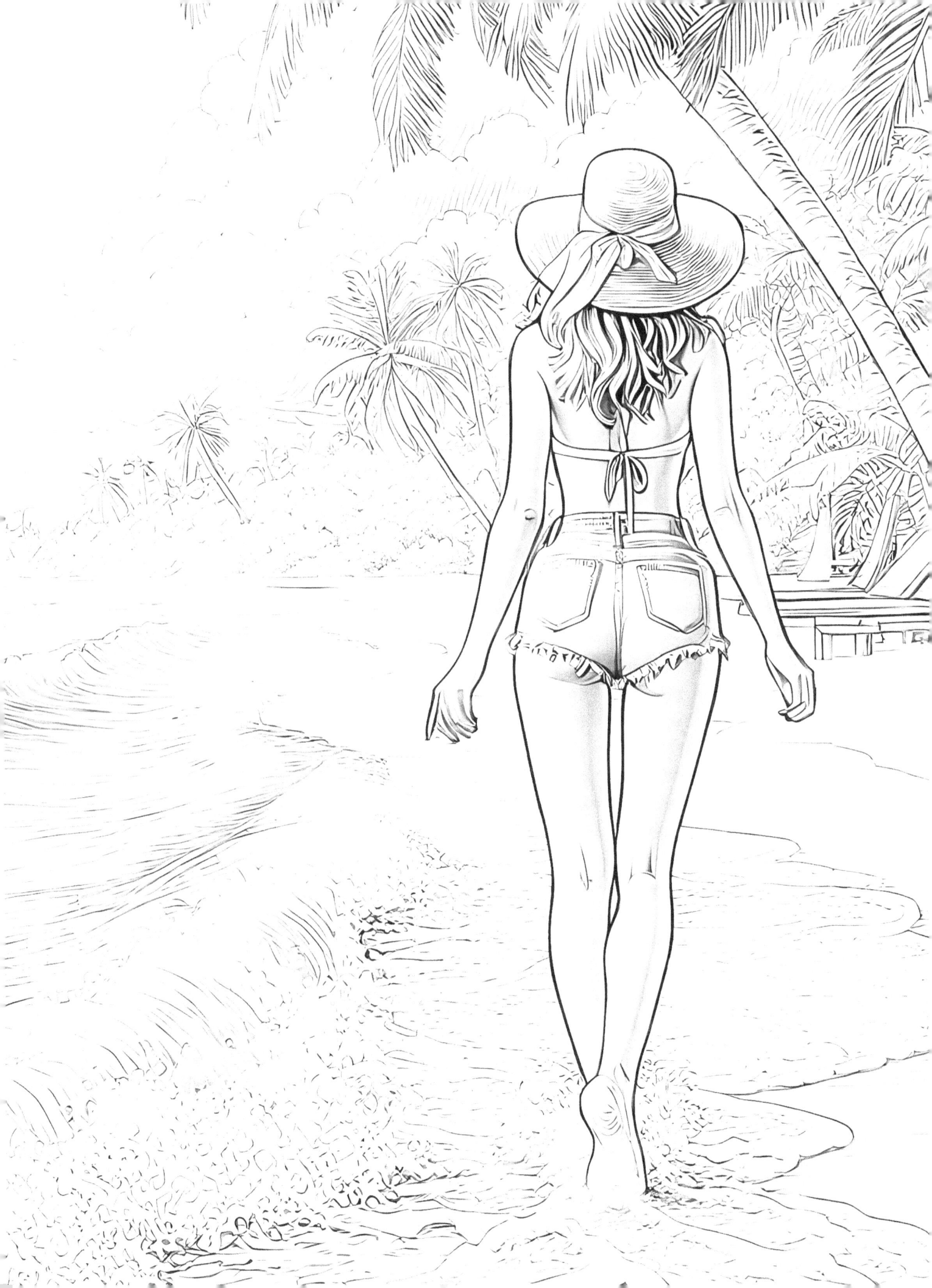

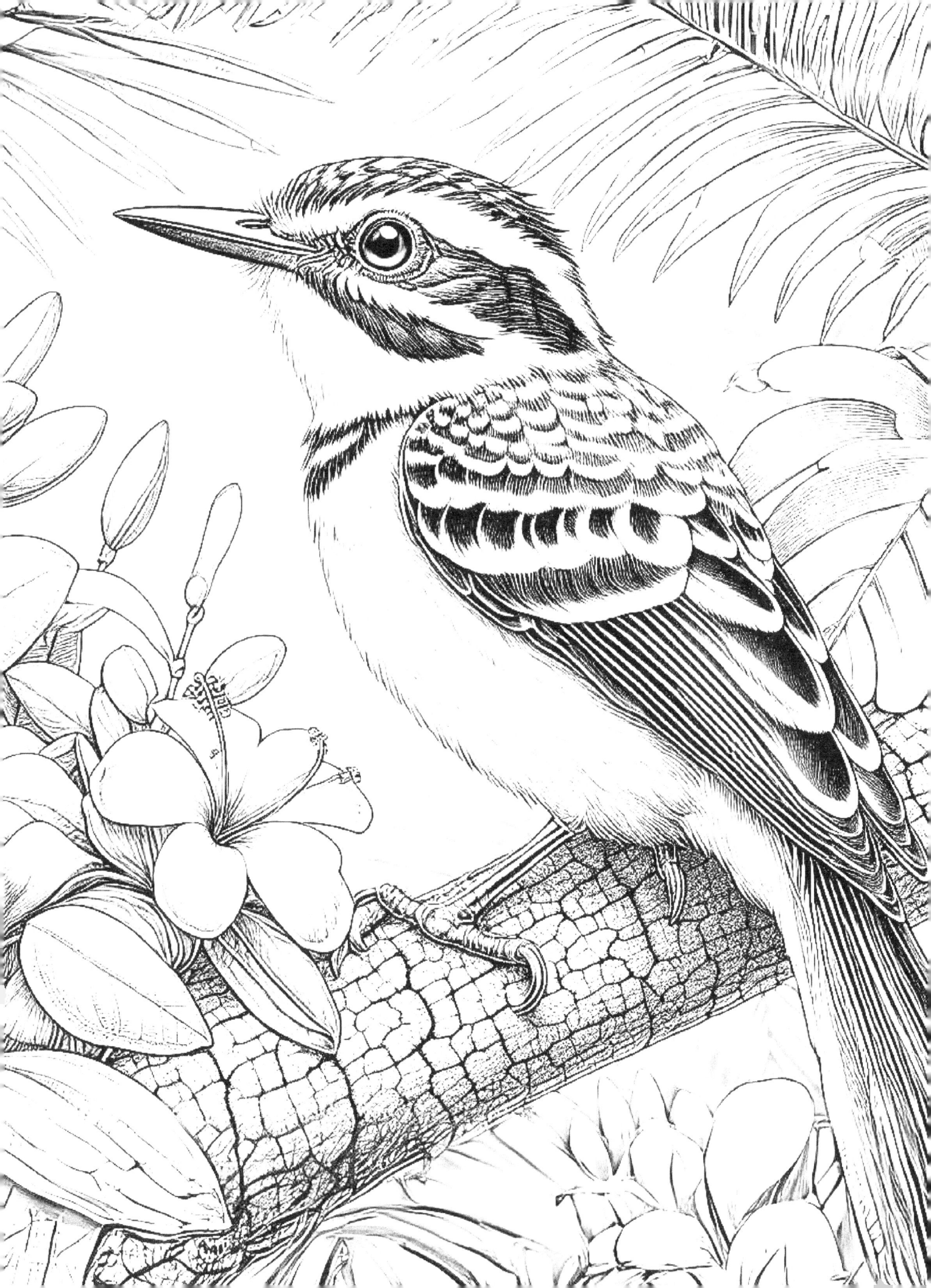

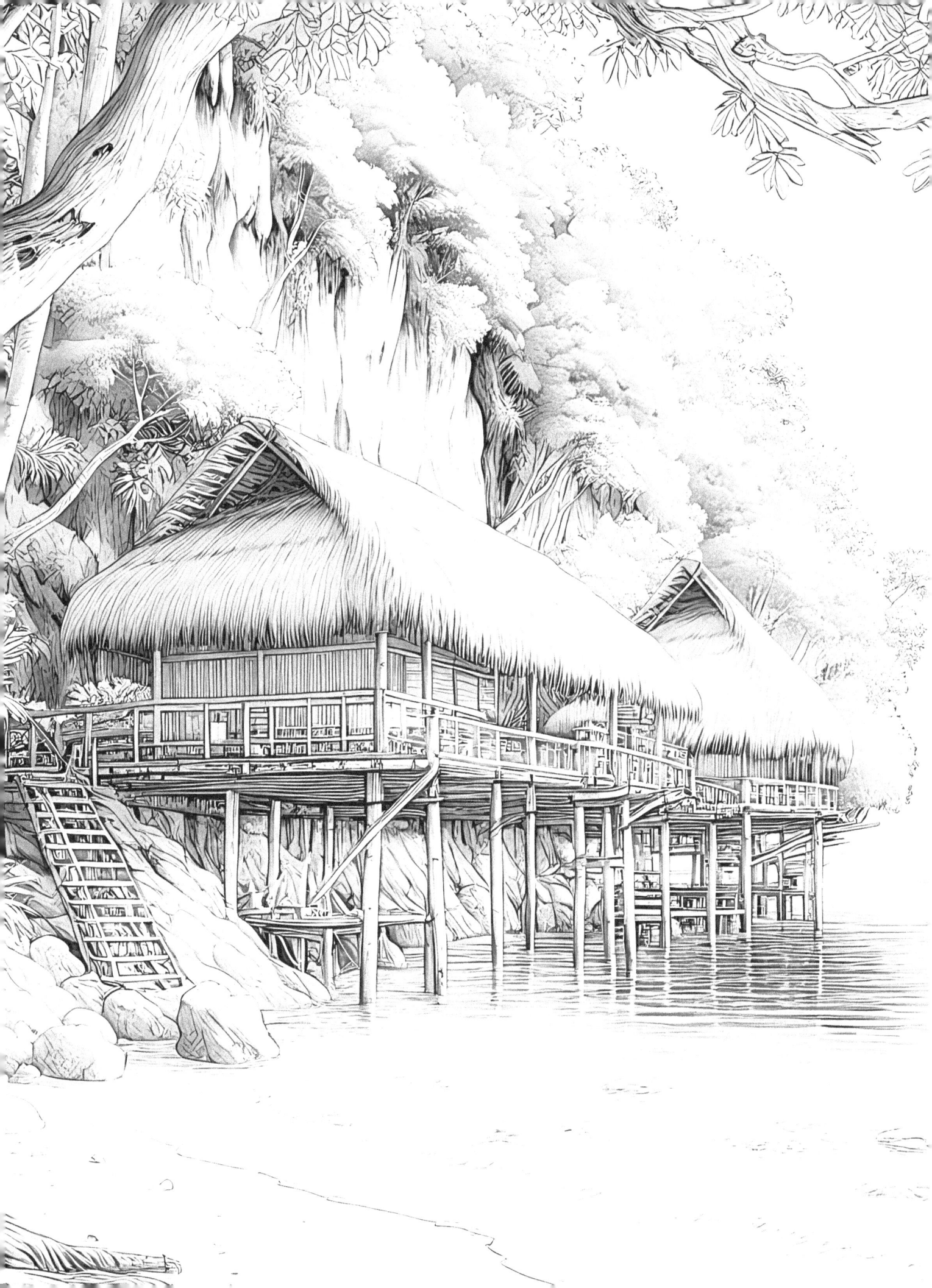

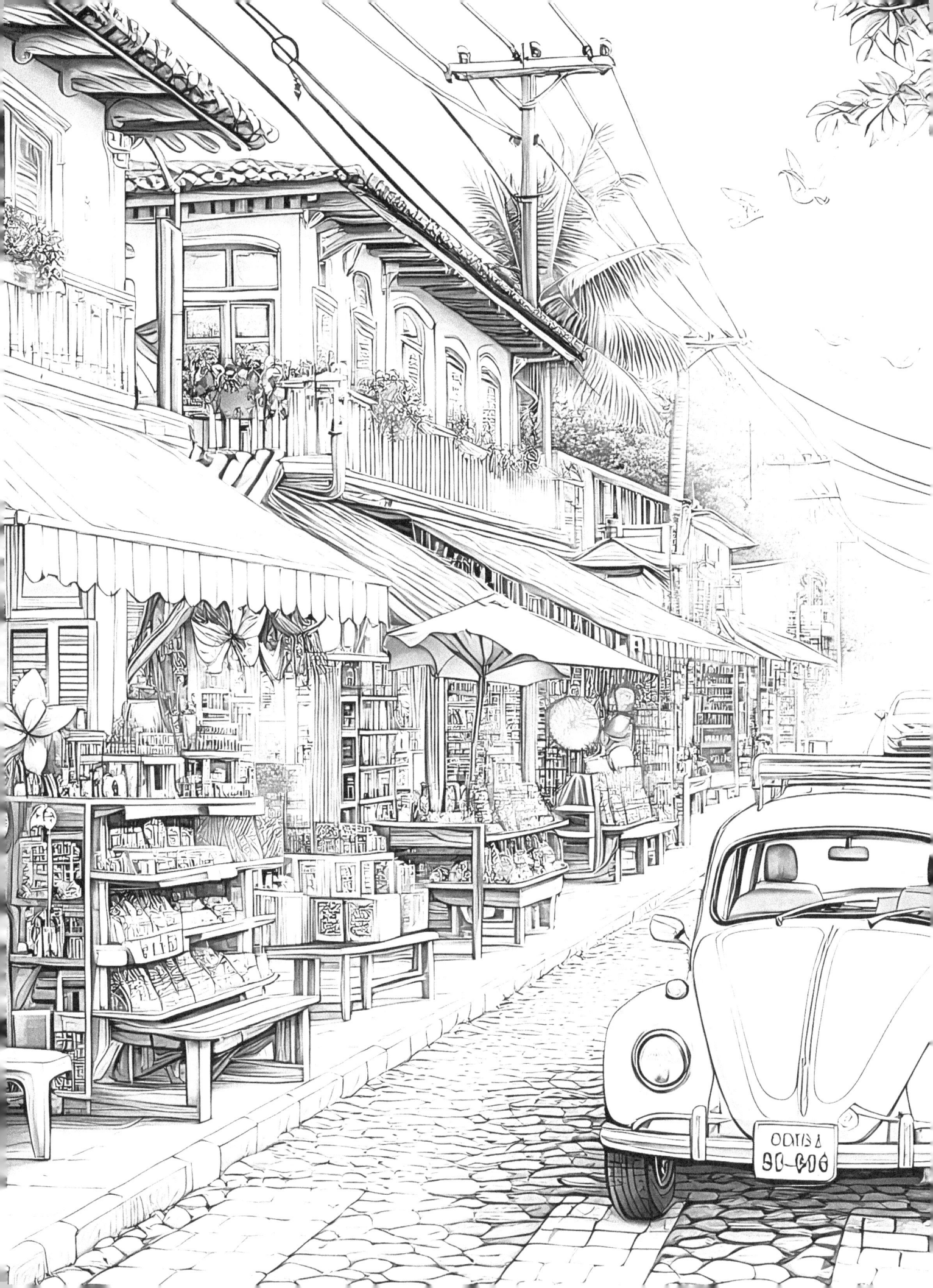

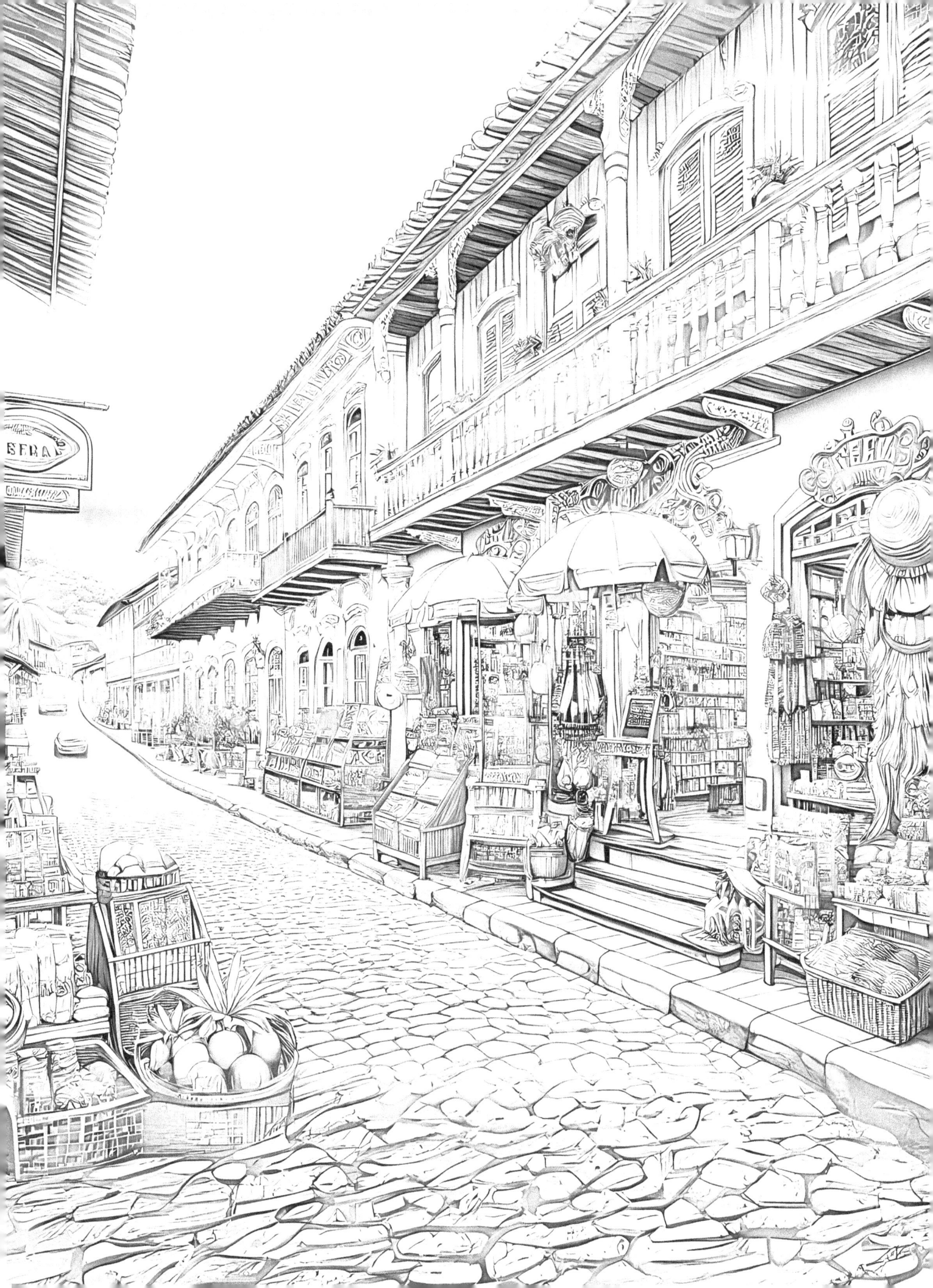

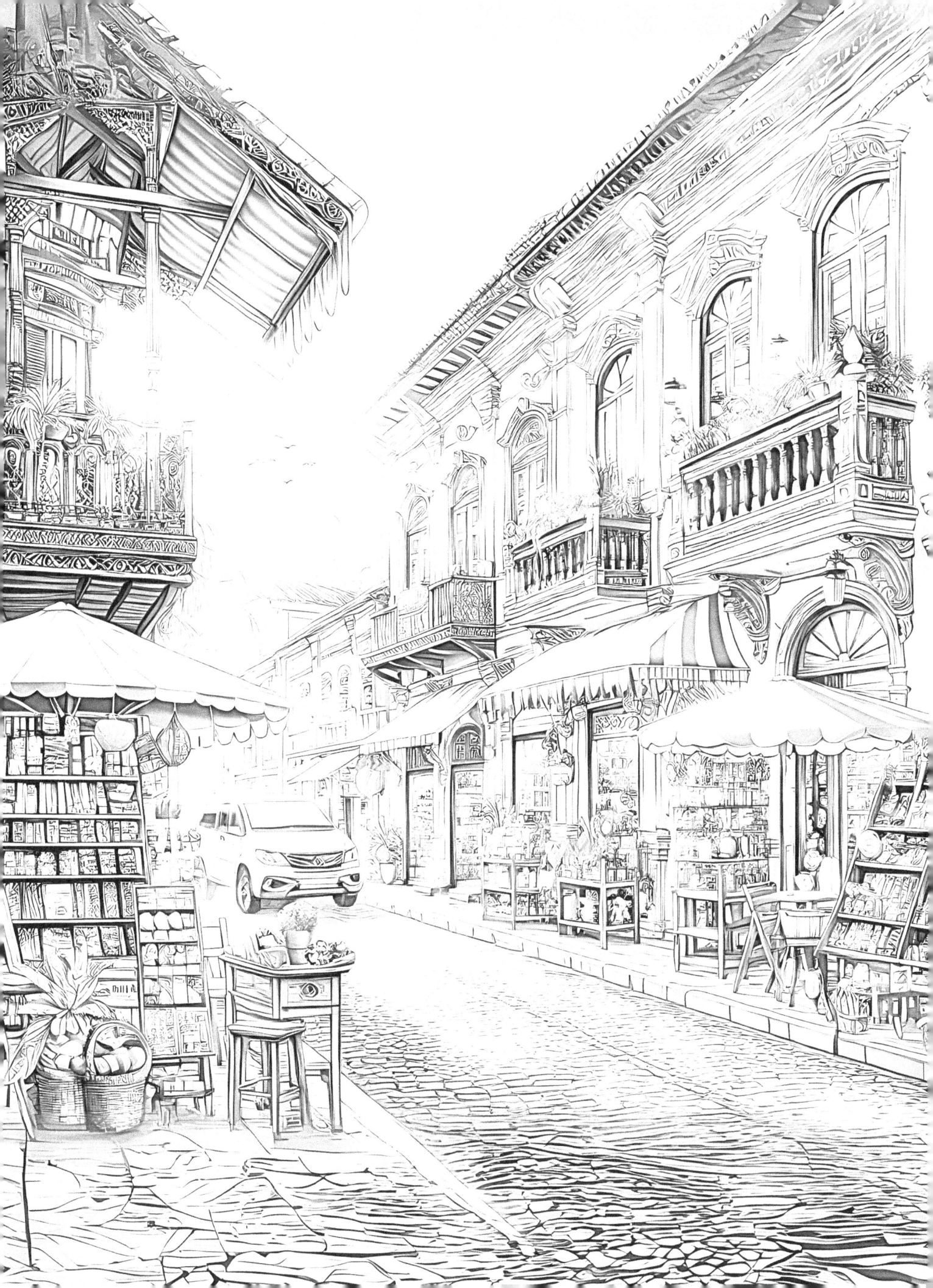

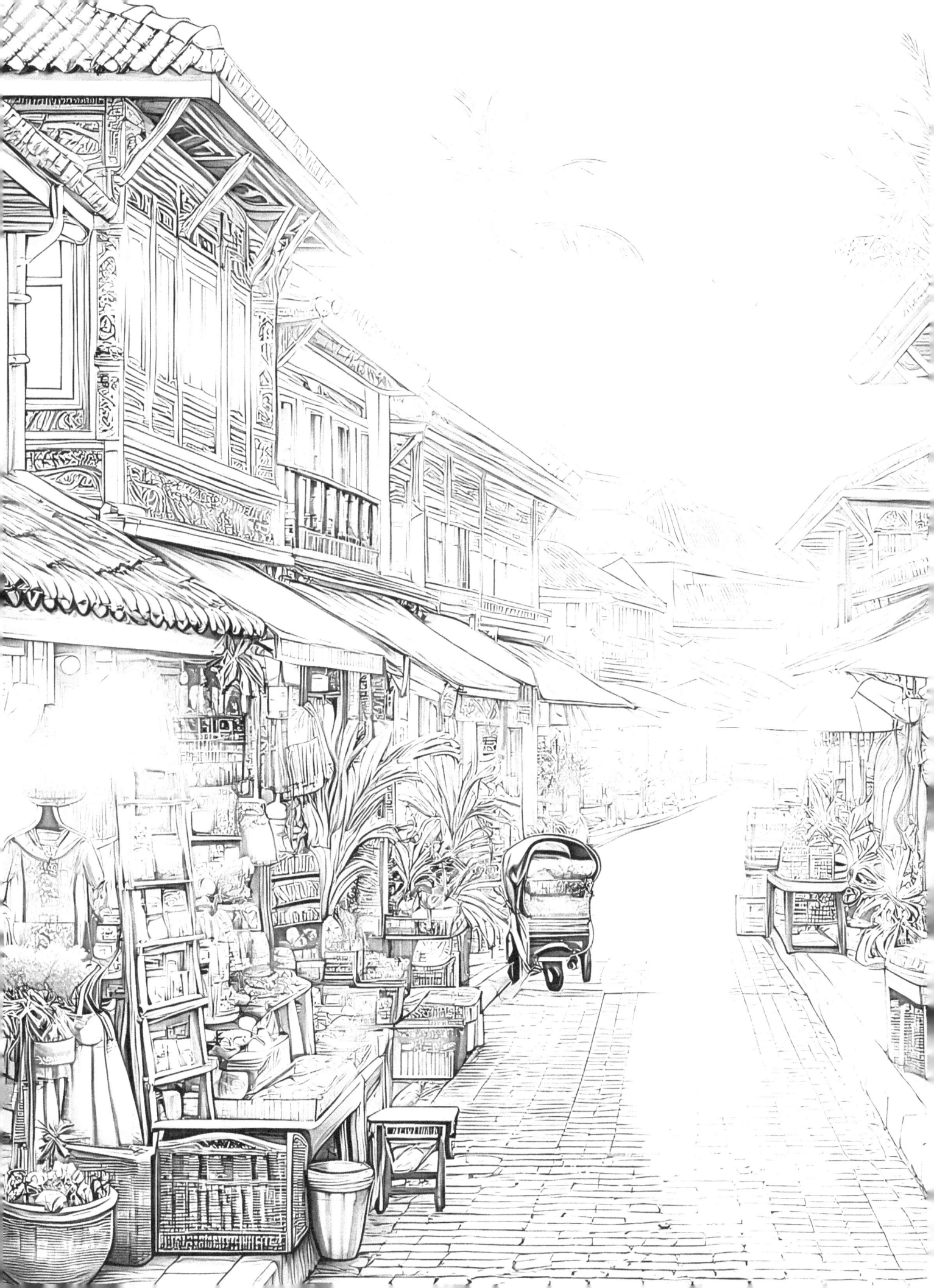

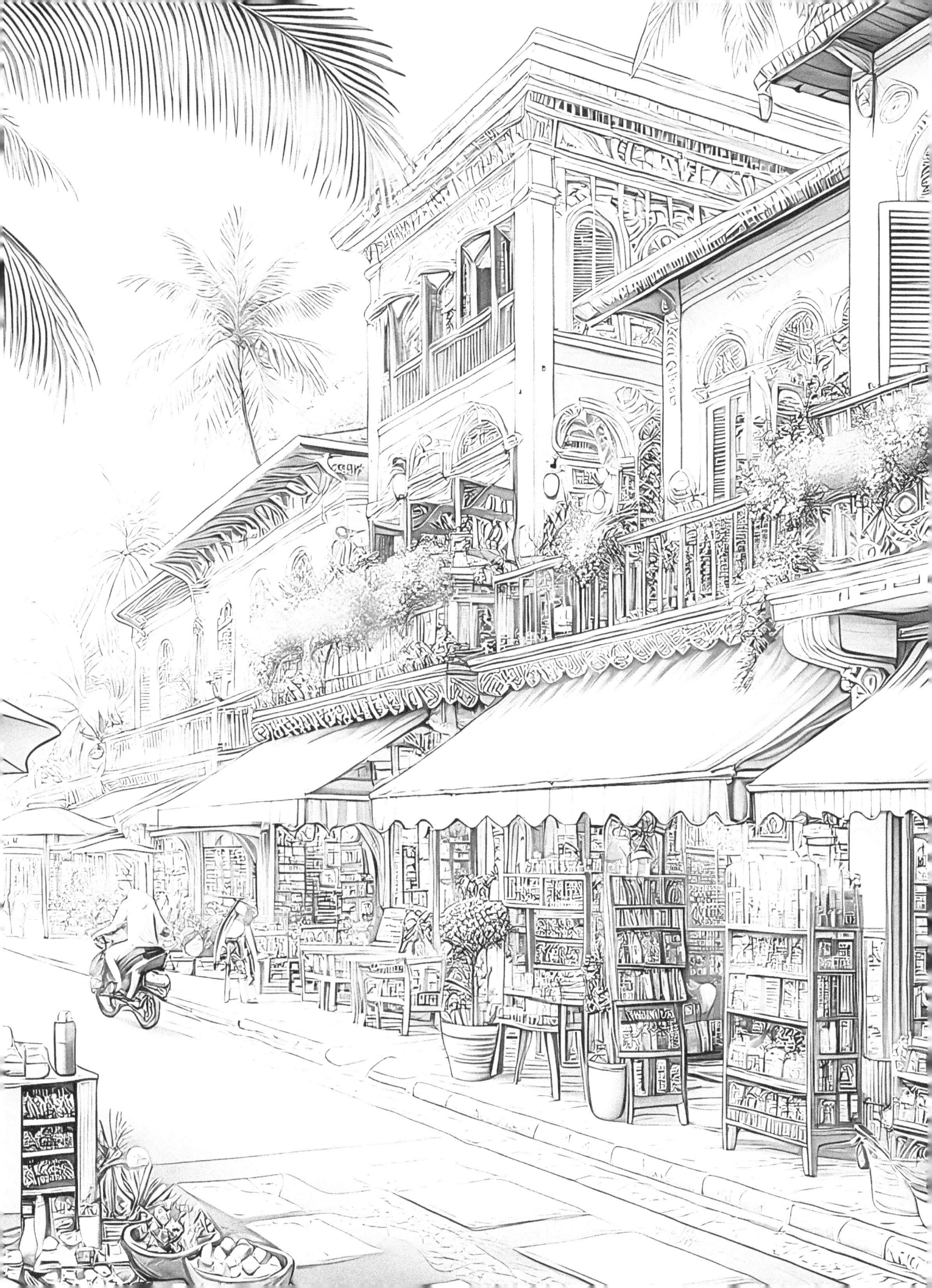

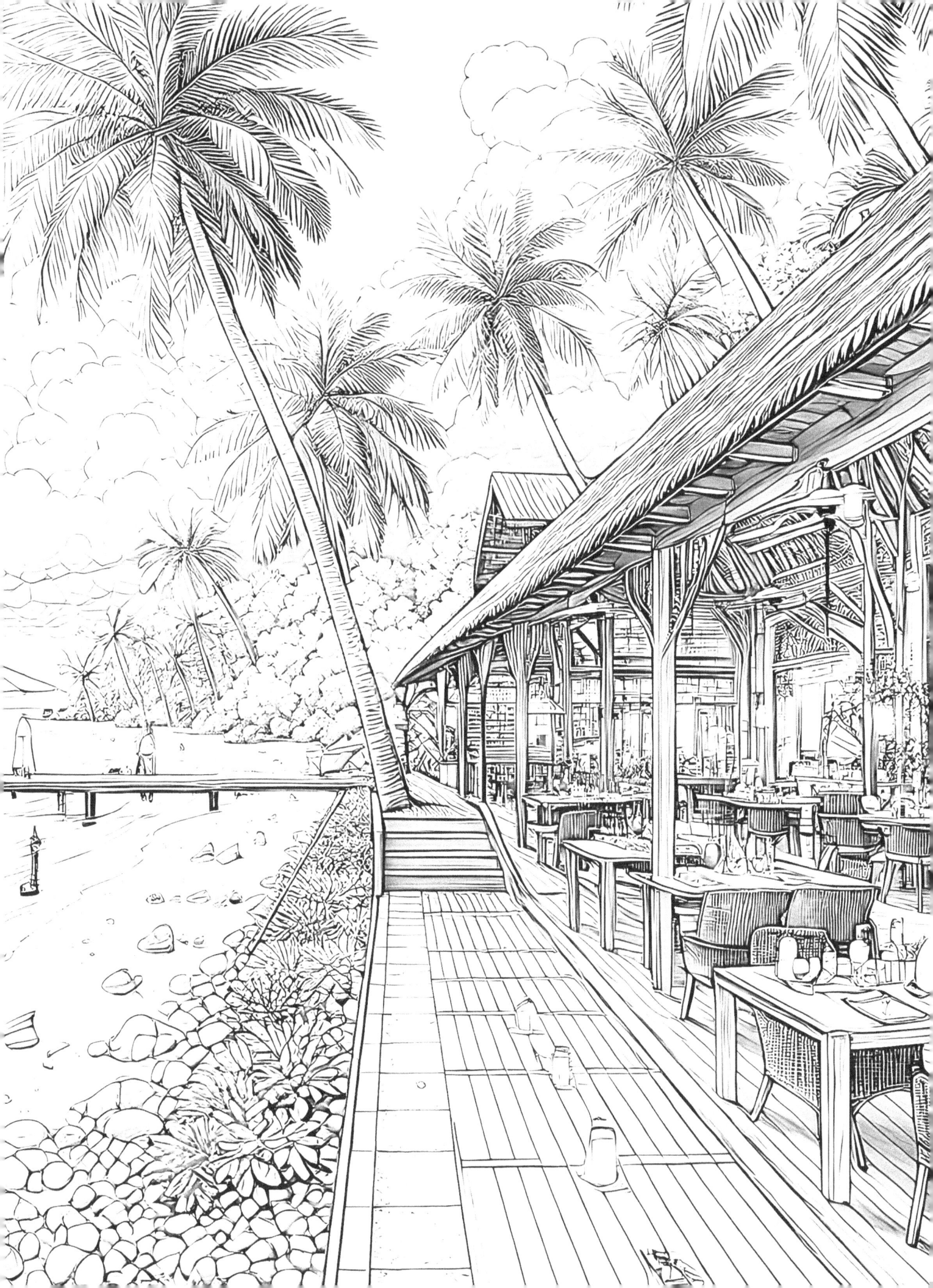

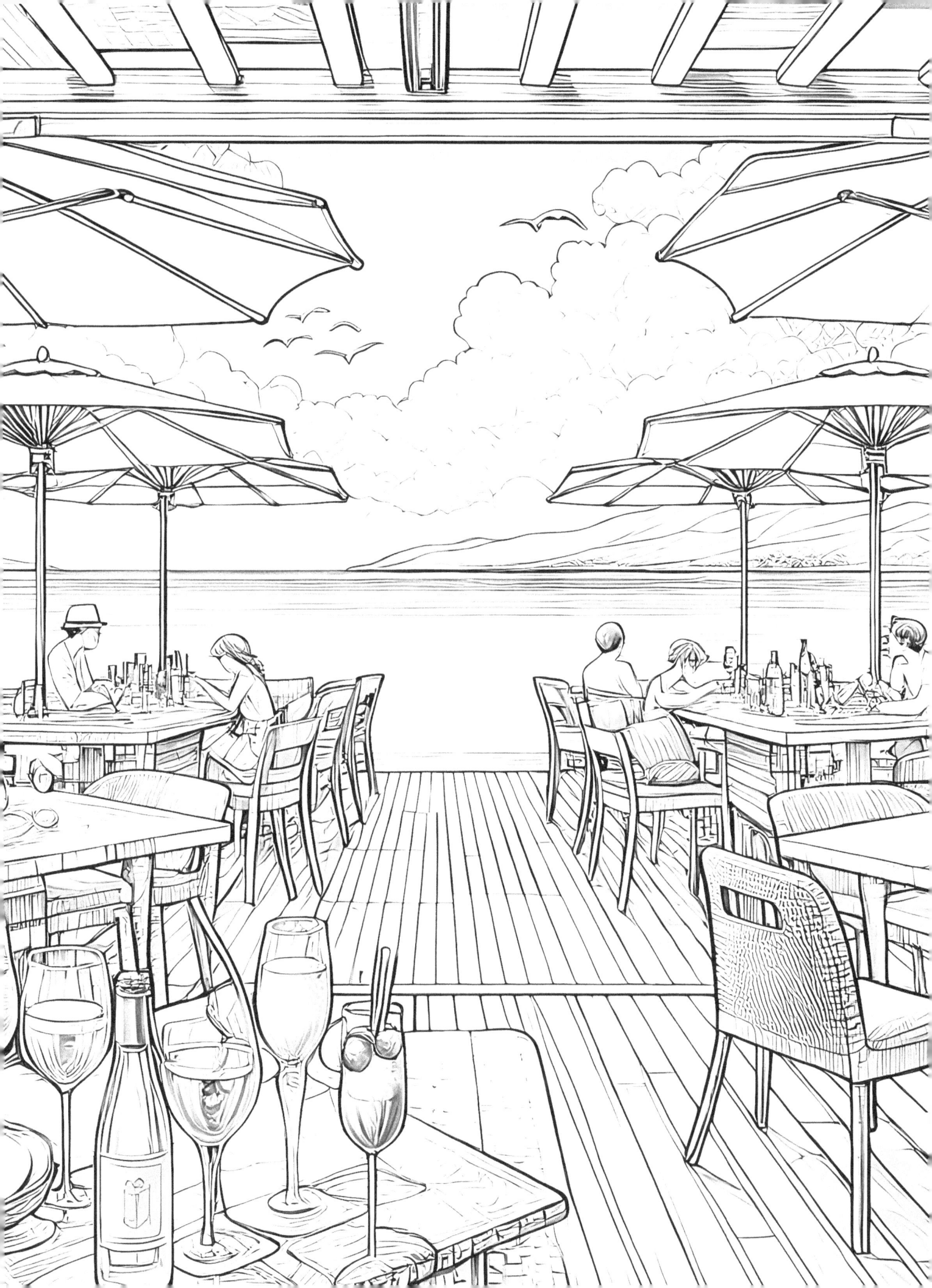

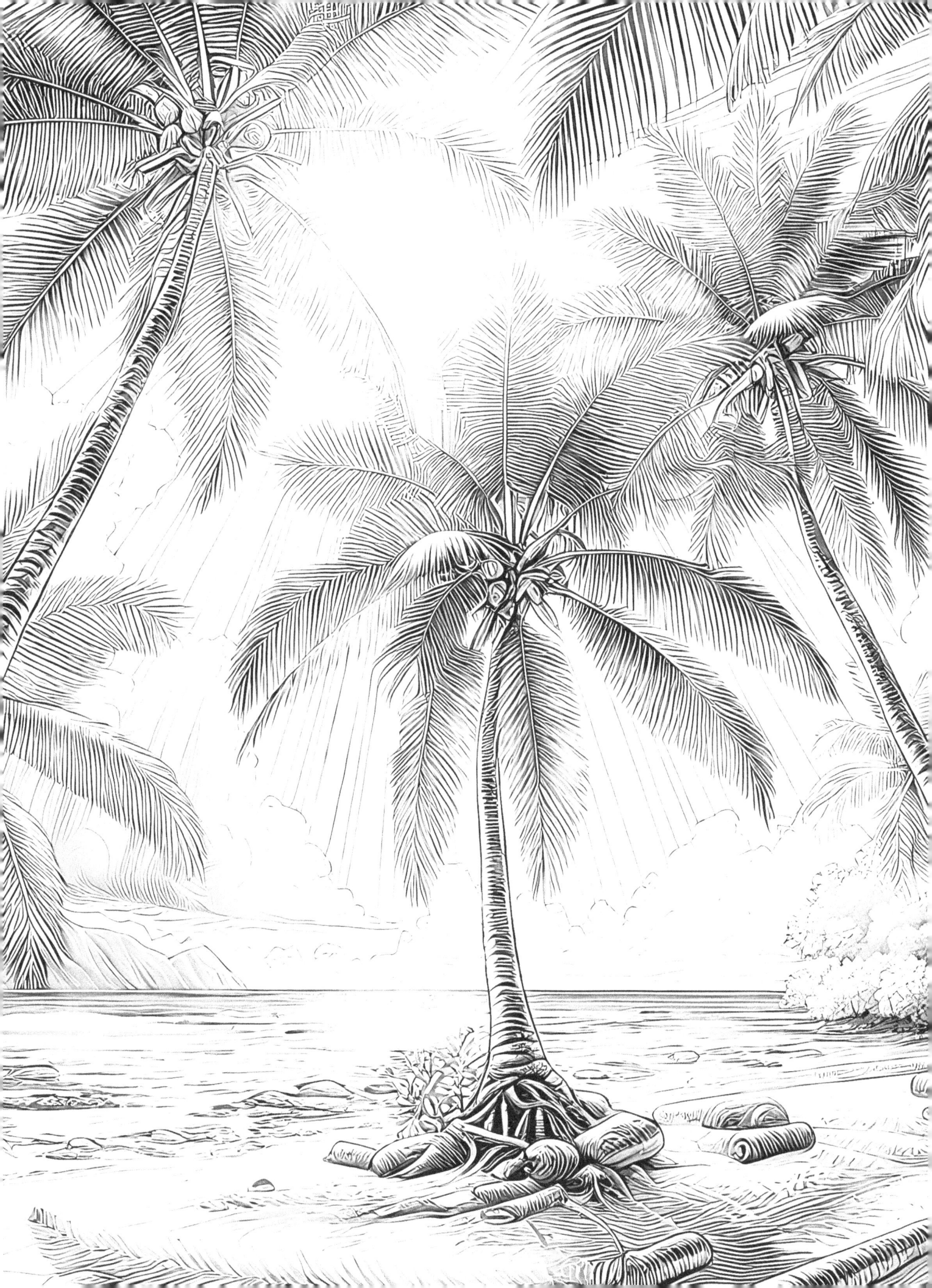

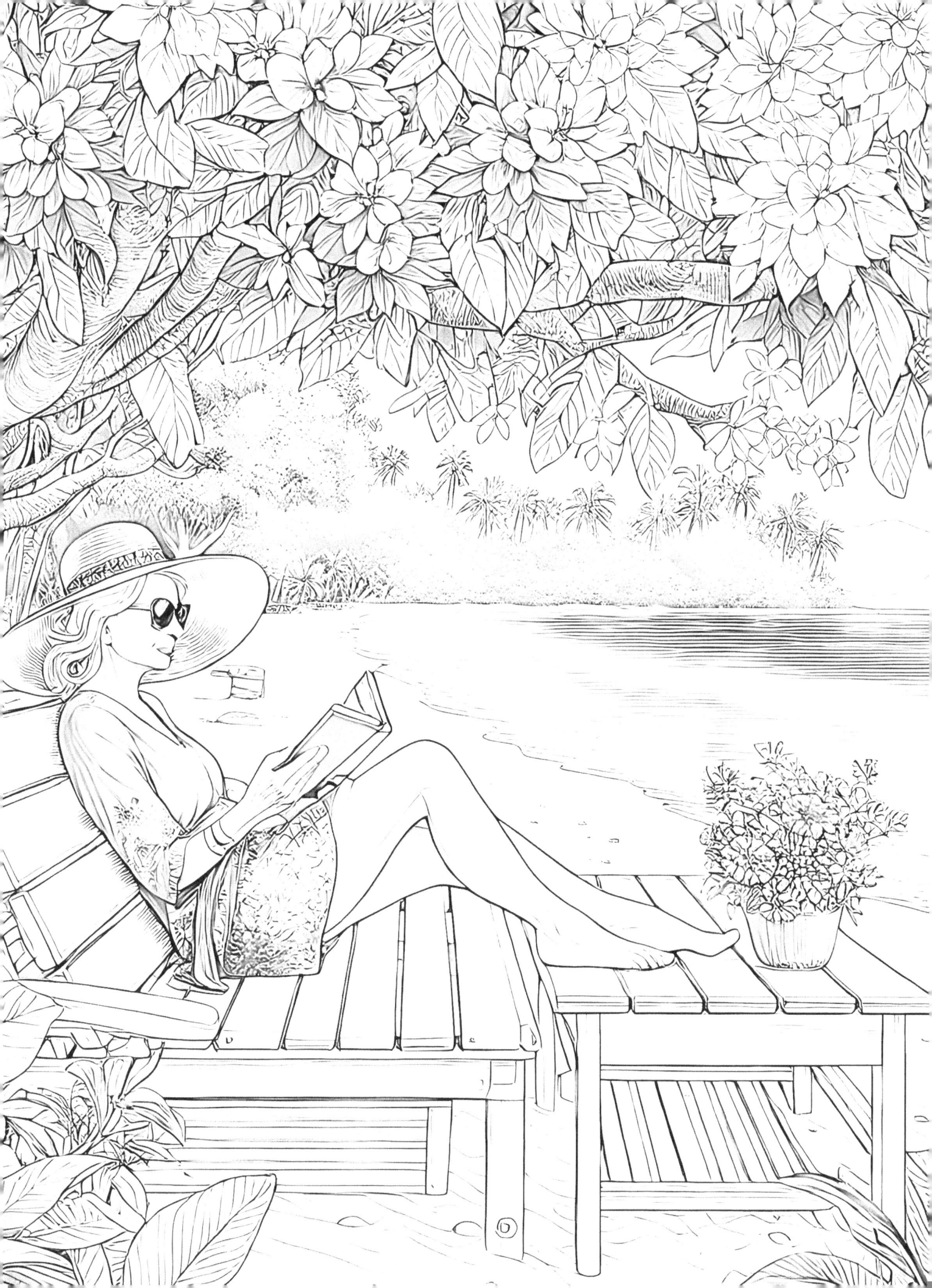

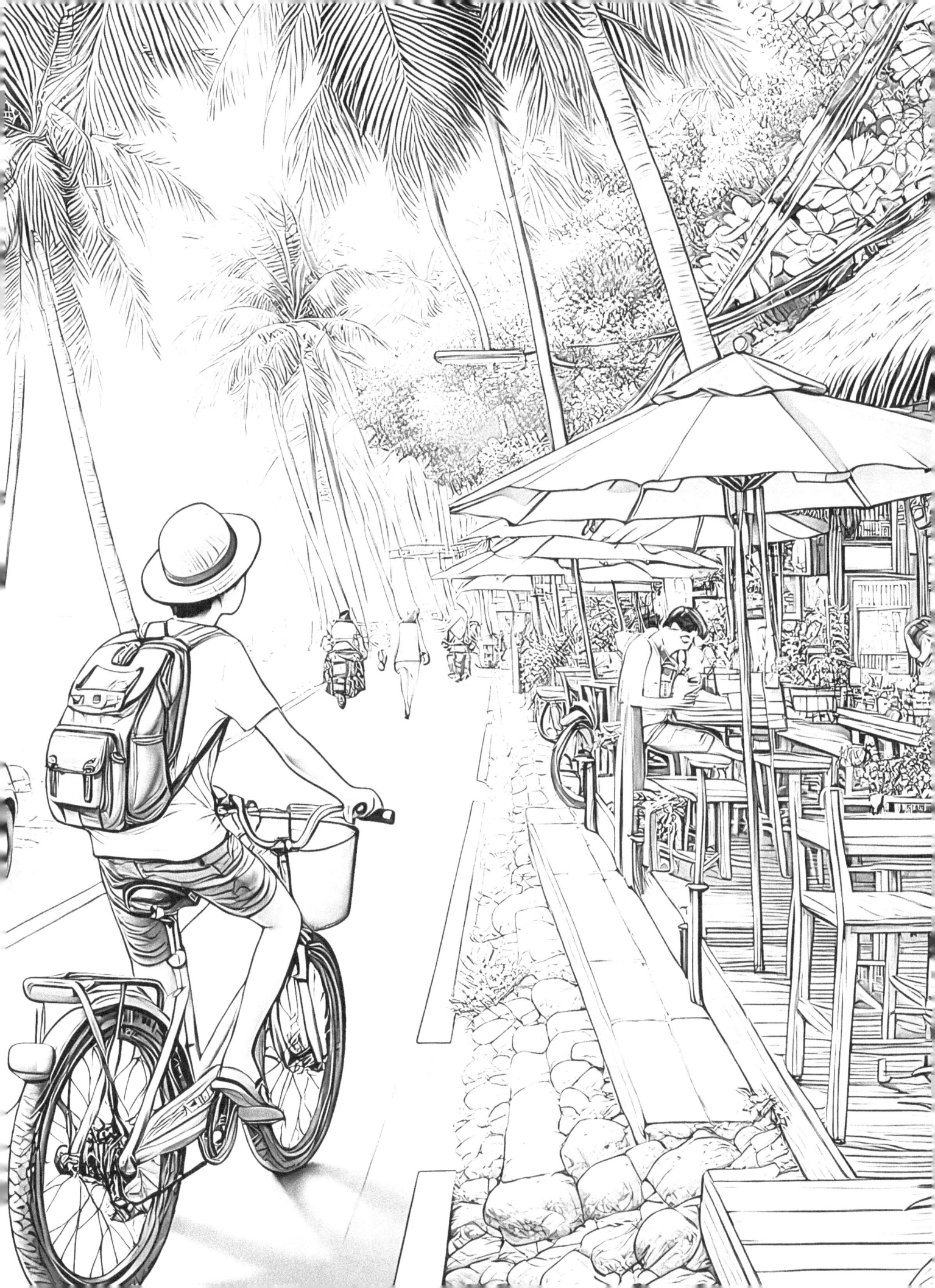

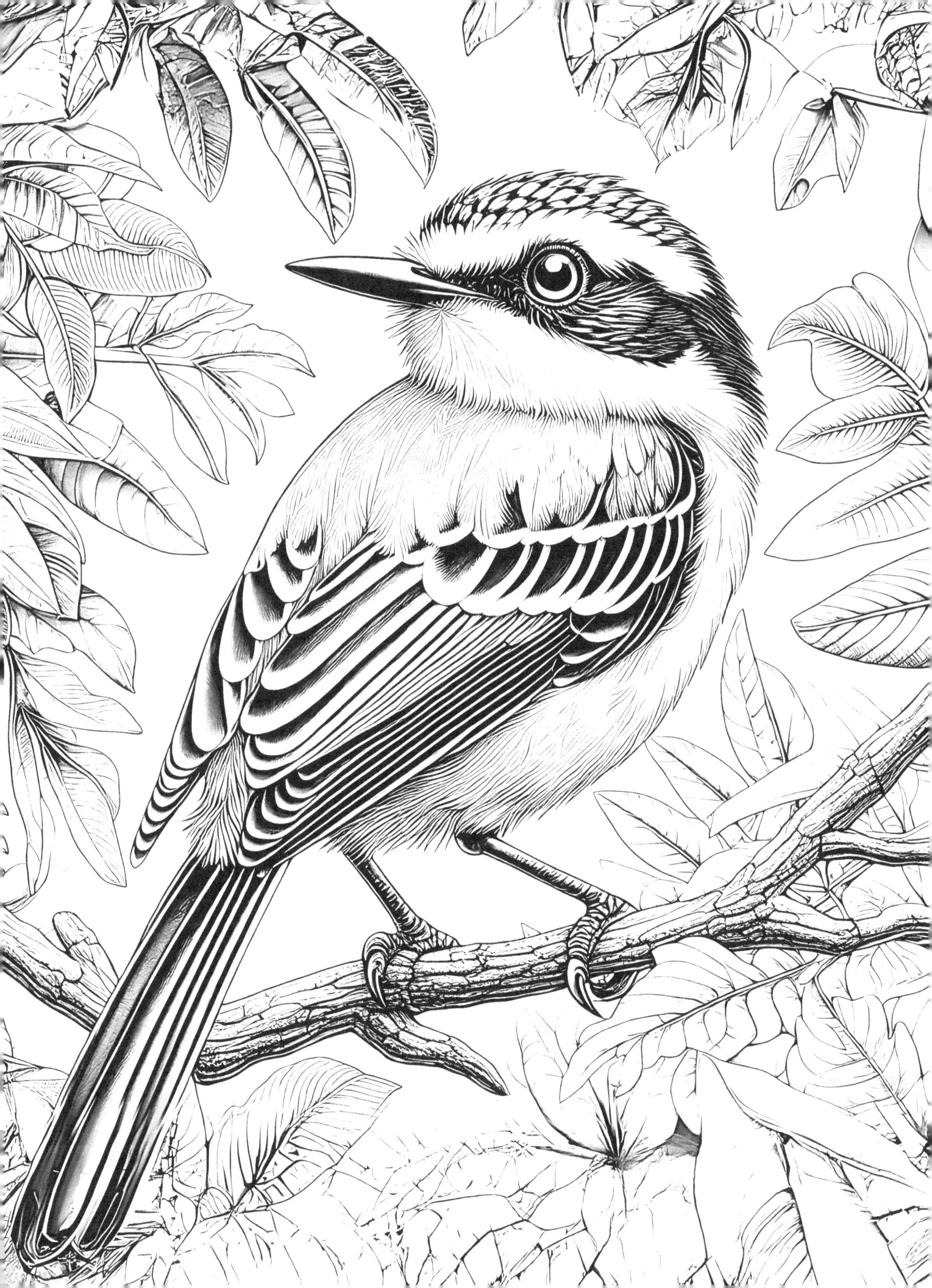

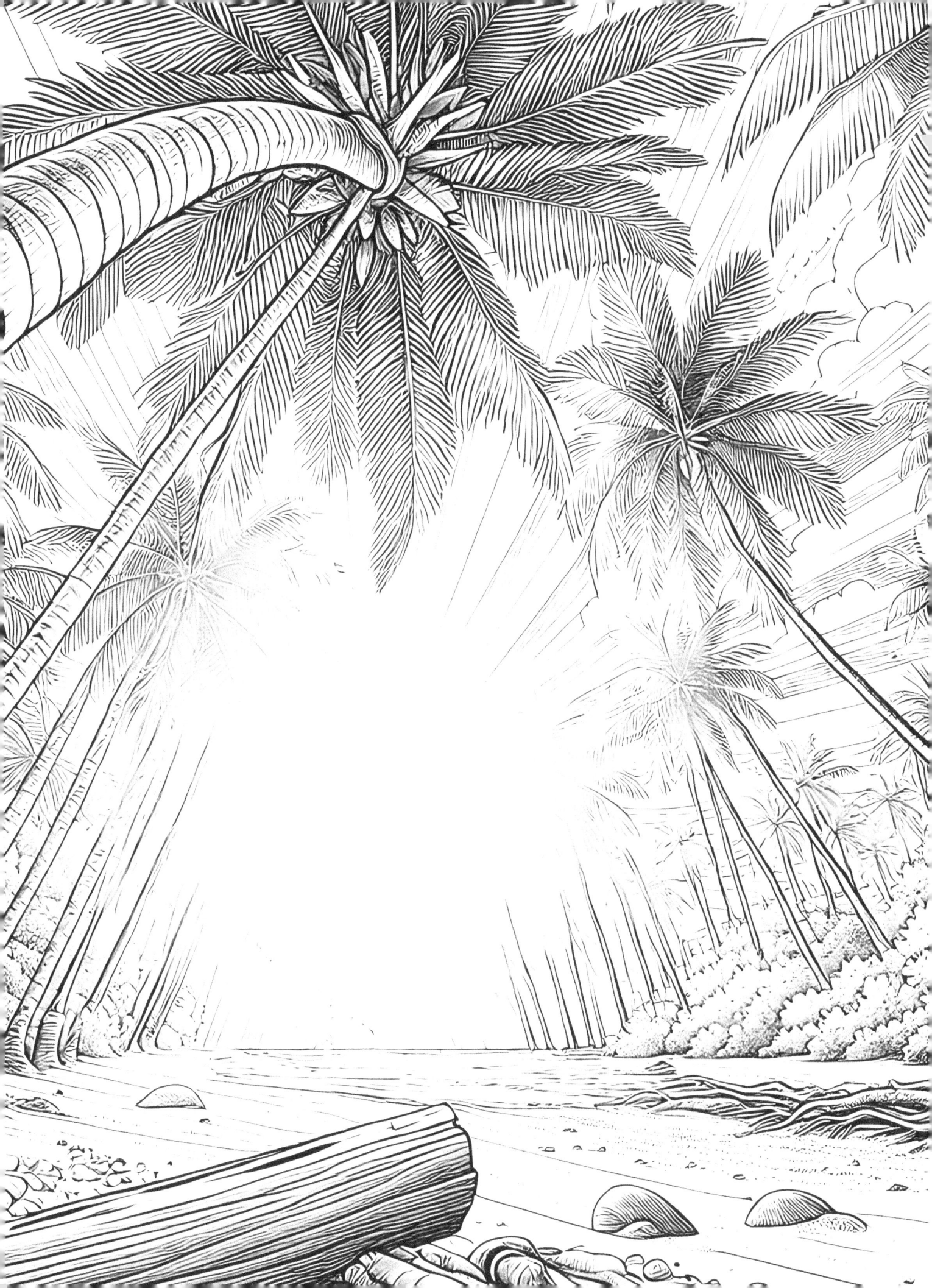

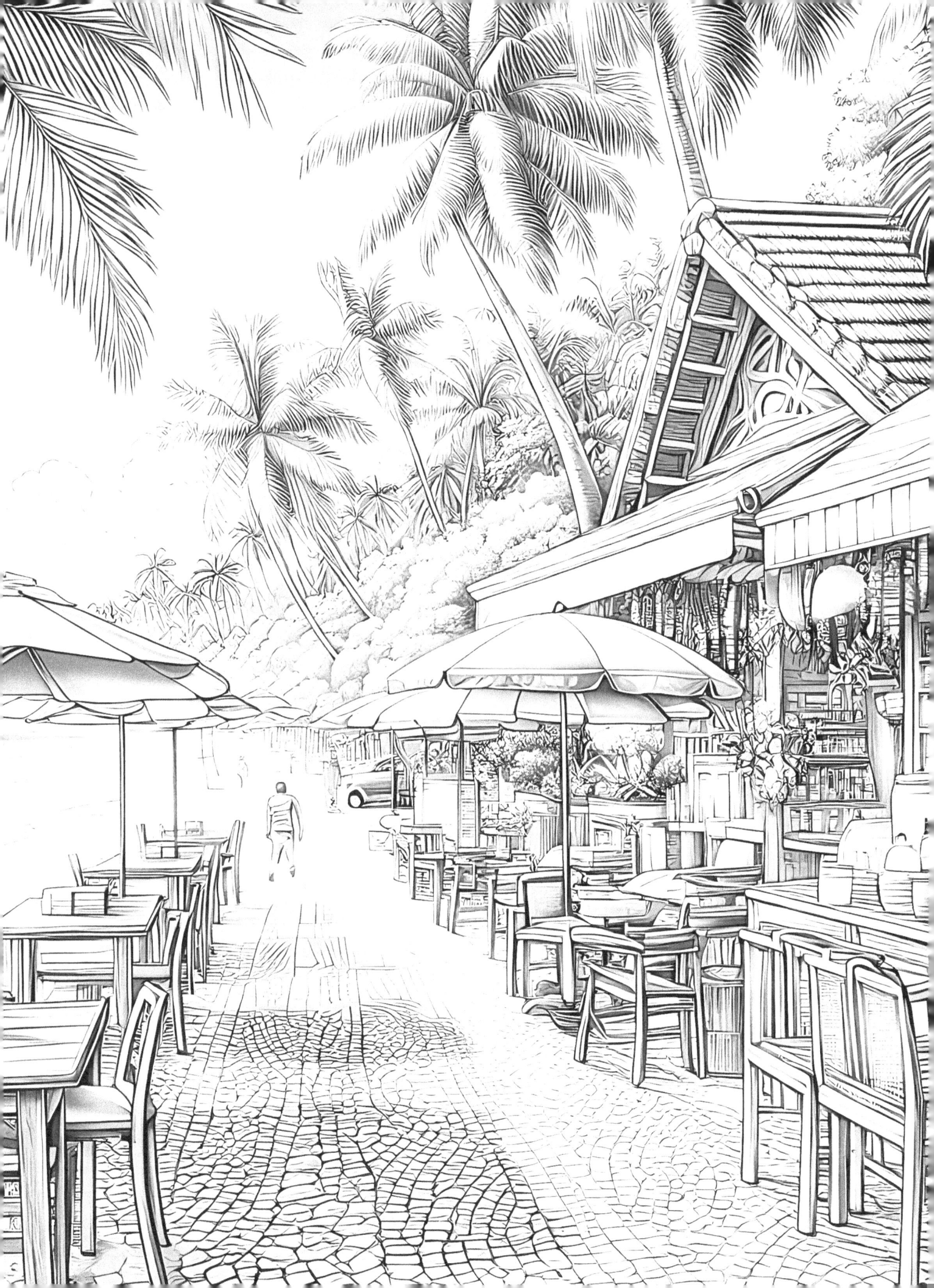

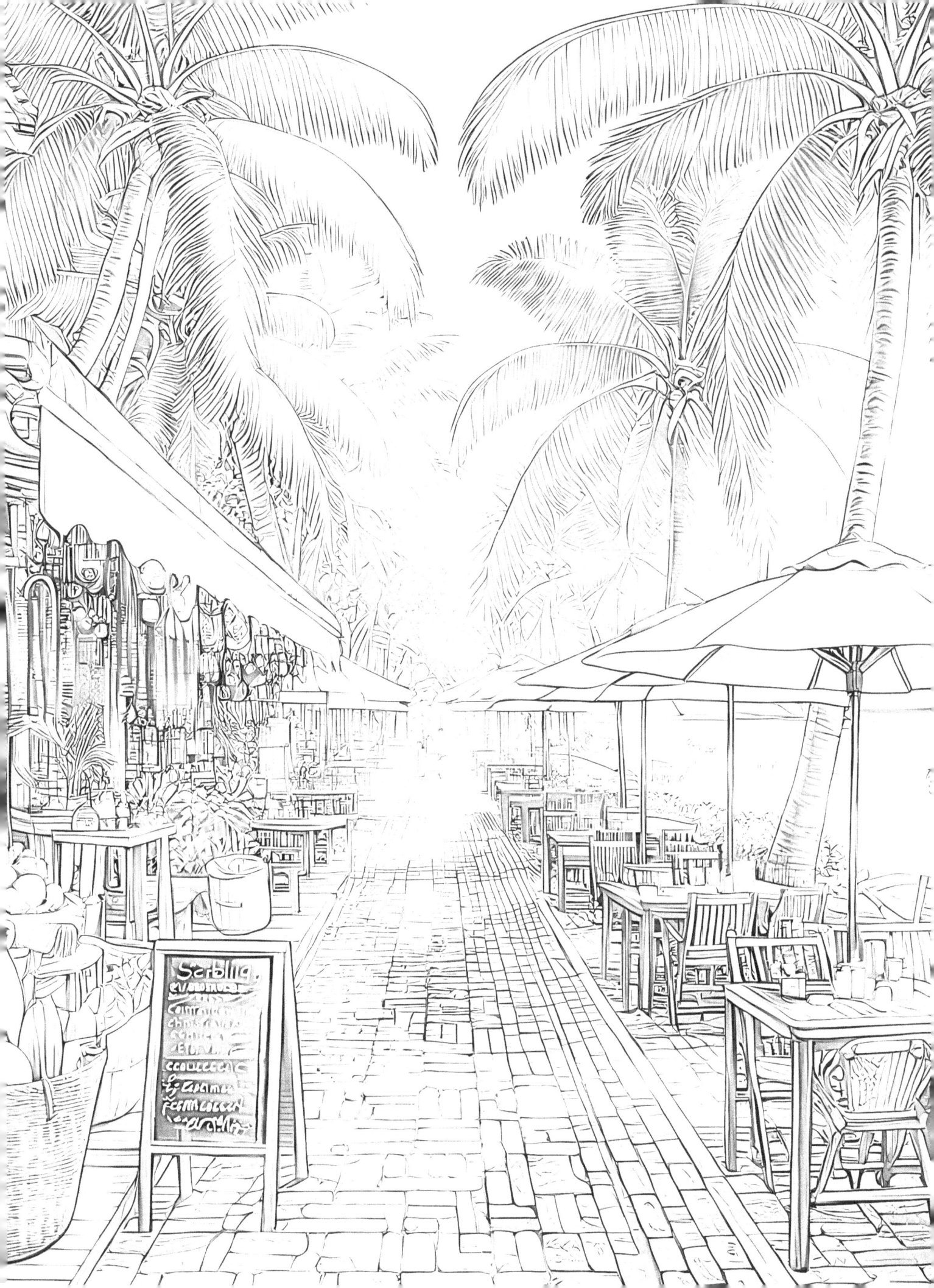

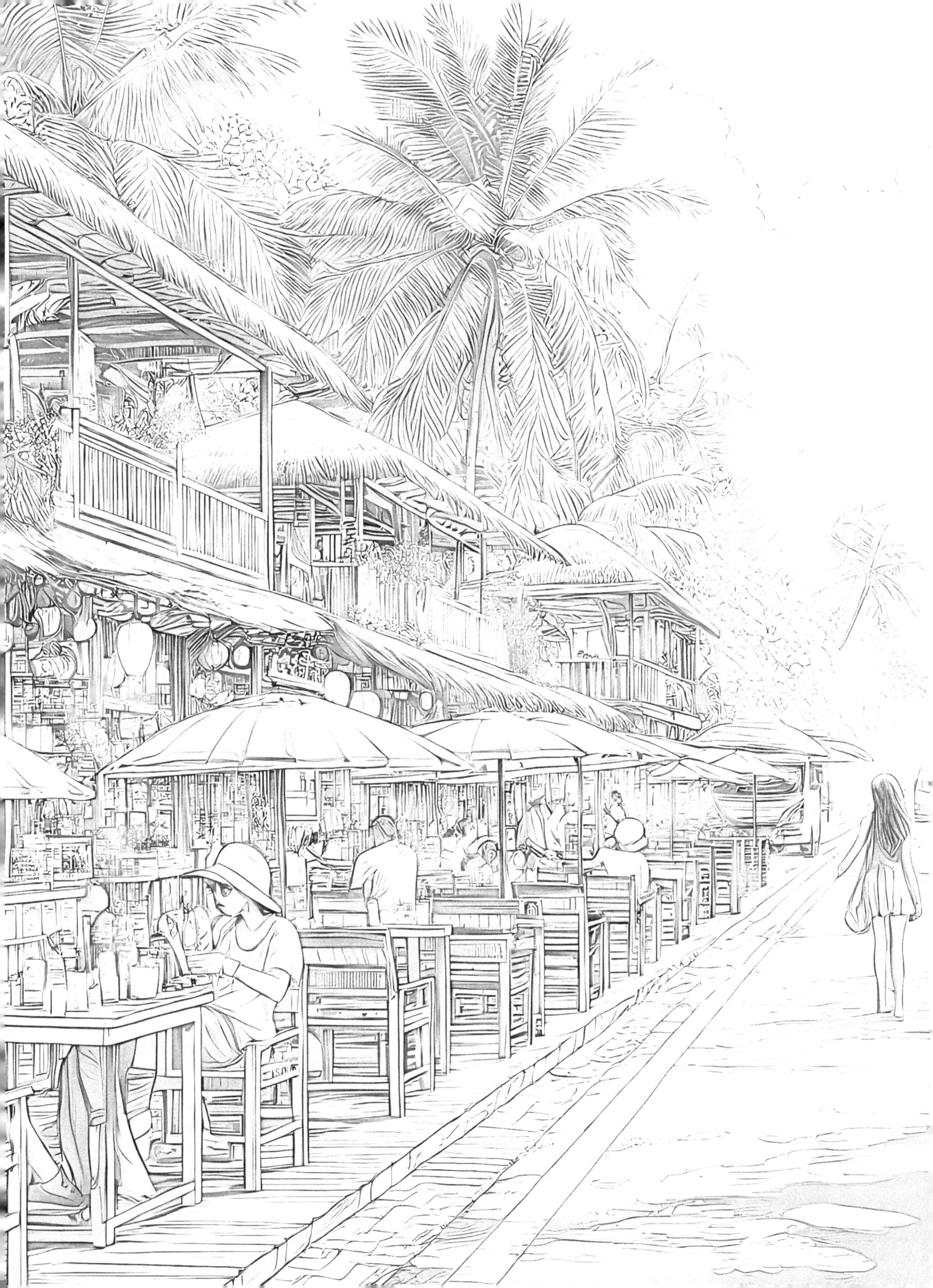

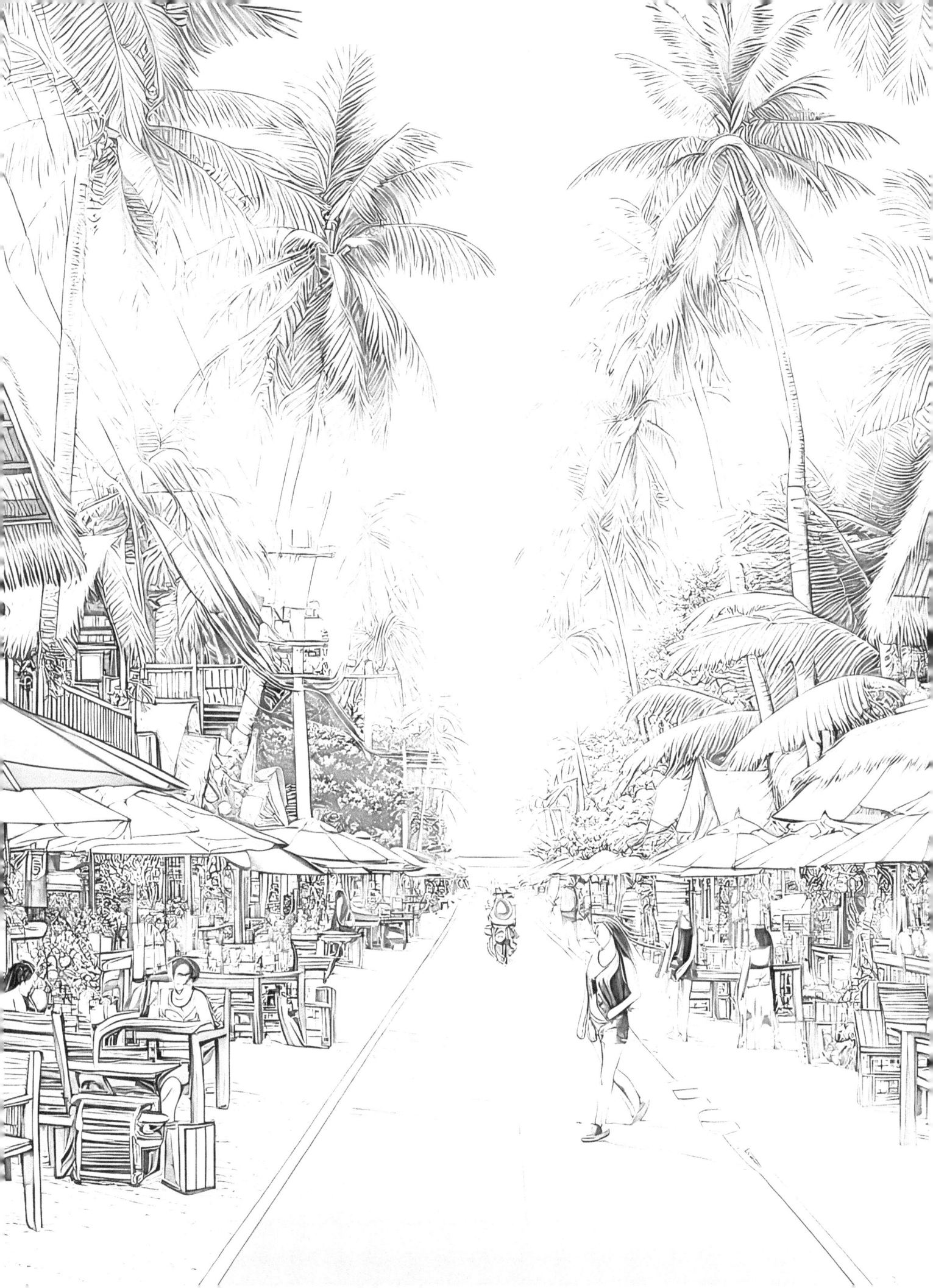

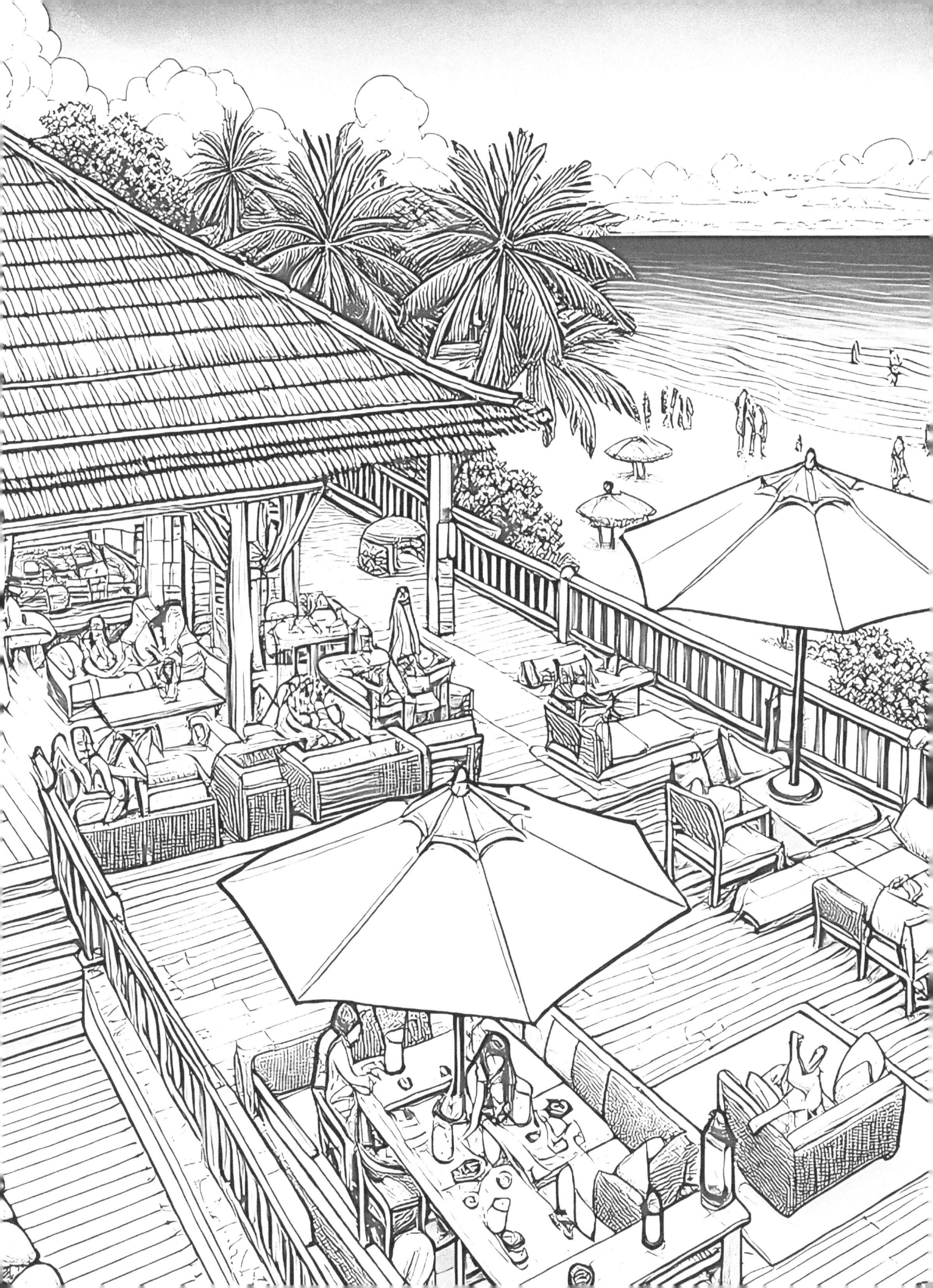

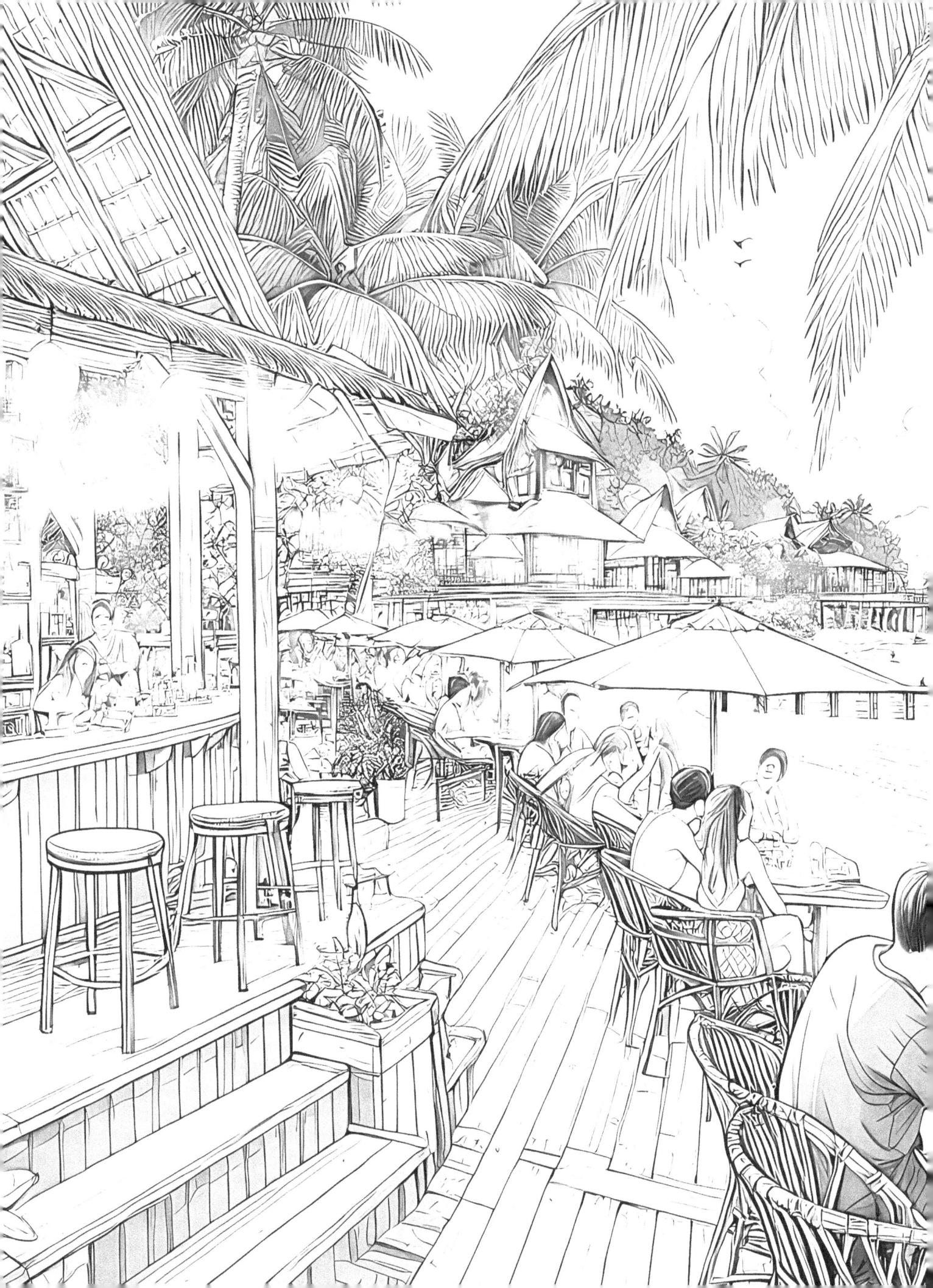

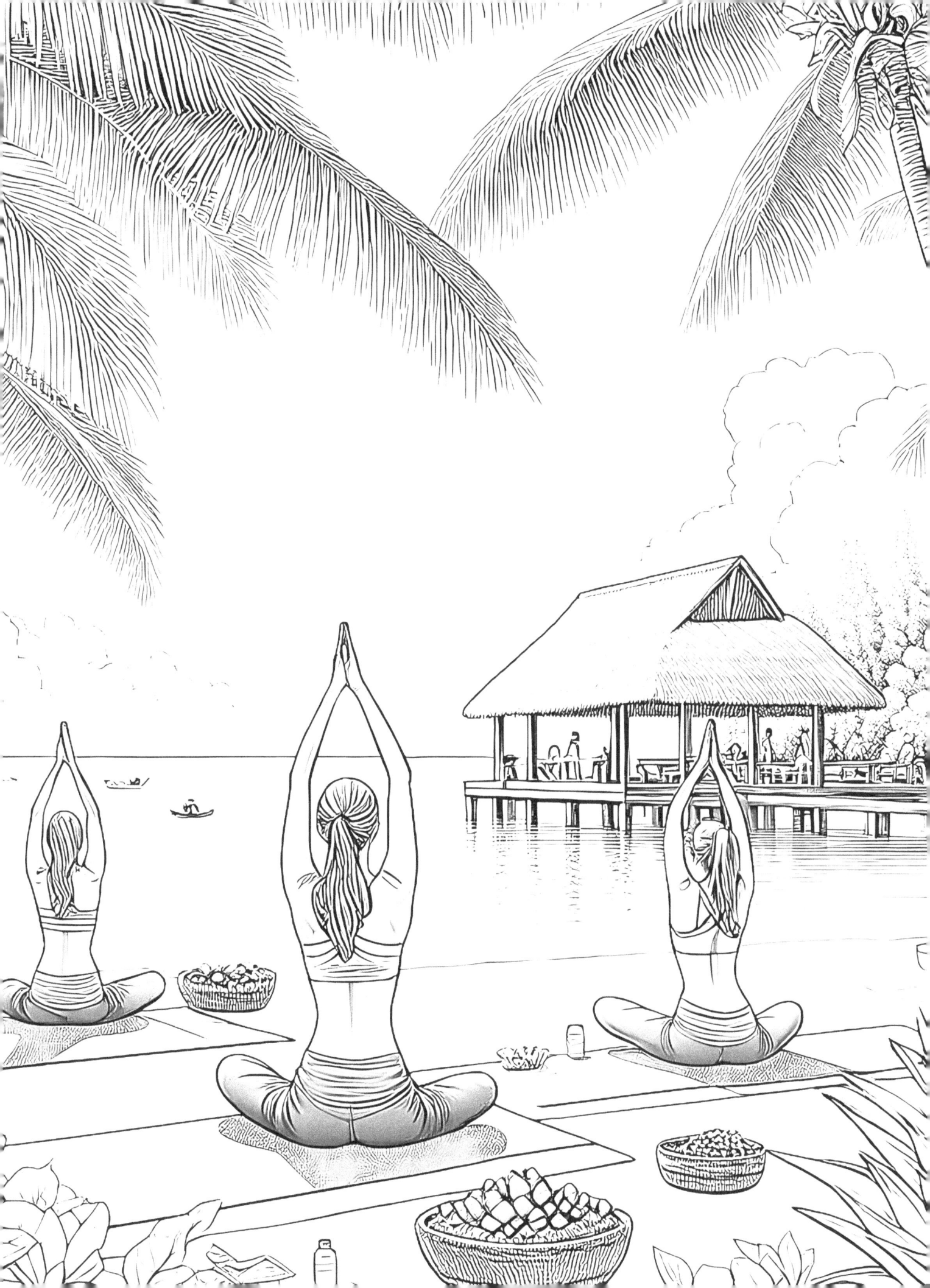